JAMIE PURVIANCE

WEBER'S SMOKEN

EINFACH UND UNKOMPLIZIERT MIT GRILL UND RÄUCHERGRILL

JAMIE PURVIANCE

WEBER'S SMOKEN

EINFACH UND UNKOMPLIZIERT MIT GRILL UND RÄUCHERGRILL

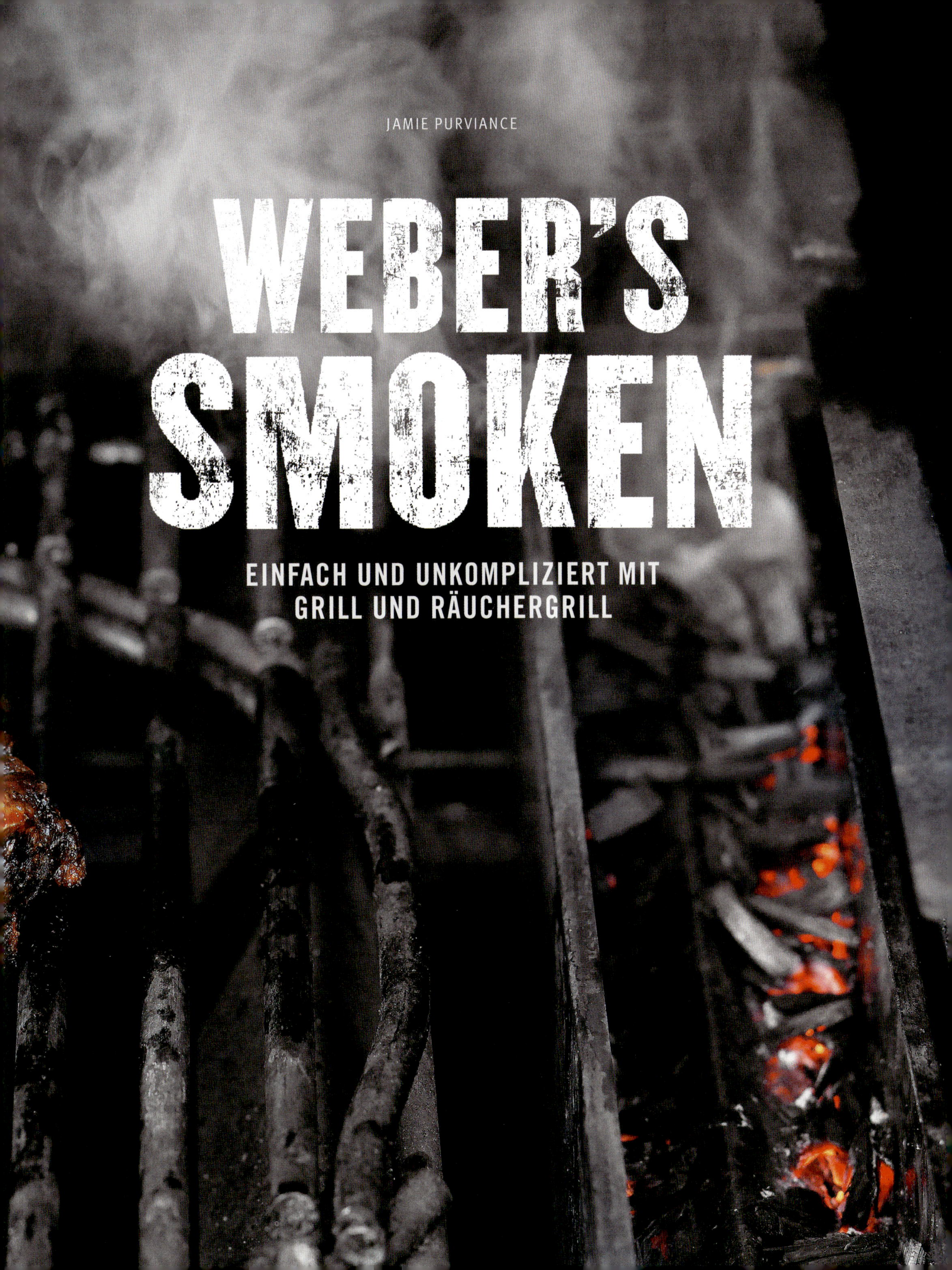

INHALT

VORWORT

Früher stand ich dem Räuchern eher ratlos gegenüber. Wie damals, vor etwa 30 Jahren im Südosten der USA: Ich war noch auf dem College und in den Ferien auf dem Land unterwegs. An einem furchtbar schwülen Nachmittag kroch auf einmal der verführerische Duft von holzgeräuchertem Schweinefleisch durch das offene Autofenster. Als leidenschaftlicher Fleischesser, der ich damals schon war, spürte ich ihm bis zu einem Festplatz in Louisiana nach, wo ein Barbecue-Wettbewerb im Gange war. Ich spazierte zwischen den muskelbepackten Köchen und ihren qualmenden Grillstationen, von denen einige größer als mein Auto und wahrscheinlich doppelt so teuer waren, herum und fragte mich, in was für eine seltsame Veranstaltung ich hier geraten war. Was wollten diese Leute mit all den Fleischstücken, den halbmeterlangen Spritzen, den Schubkarren voller Holz und den Saucen, die in verbeulten Töpfen vor sich hin brodelten?

Einige der Barbecue-Teams verkauften Proben ihres Könnens. Für einen Dollar erwarb ich ein Stück Spareribs – und bekam viel mehr als das: ein Geschmacksfeuerwerk, in dessen Mittelpunkt üppiges, saftiges Schweinefleisch mit einer intensiven Holznote stand. Doch was in aller Welt waren die anderen Komponenten? Und wie hatten die Köche es hinbekommen, dass das Fleisch geradezu vom Knochen fiel? Ich wusste so vieles nicht. Was ich aber noch weiß, ist, dass ich zufrieden seufzte und, noch bevor ich mit dem ersten Rippchen fertig war, nach mehr verlangte.

Die Jahre vergingen, und ich hatte immer mal wieder Gelegenheit, Geräuchertes – auch vom Grill – zu genießen. Dabei lernte ich einiges über das Kochen an sich, aber von den Feinheiten des Räucherns hatte ich nach wie vor nicht die geringste Ahnung. Das änderte sich erst, als ich mich bei einer renommierten Kochschule einschrieb.

Seit Jahrtausenden werden Lebensmittel geräuchert, um sie haltbar zu machen. An der Technik hat sich bis heute nicht viel geändert, an den Beweggründen schon: Heute räuchern wir nicht aus Notwendigkeit, sondern aus Spaß und Genuss. Im Grunde ist Smoken nichts anderes als das, was der spanische Chronist Gonzalo Fernández de Oviedo bereits im 16. Jahrhundert von den karibischen Taino-Indianern beschrieb, die auf einem barbacoa *genannten Holzgerüst Fleisch und Fisch hoch über einem rauchenden Feuer zubereiteten. Auf* barbacoa *lässt sich vermutlich auch das Wort Barbecue zurückführen. Das Interessante dabei ist, dass schon damals das Gargut weit genug vom schwelenden Holzfeuer entfernt zubereitet wurde, sodass es schön langsam garen und Raucharomen aufnehmen konnte. Lassen Sie sich durch die unzähligen Empfehlungen zu Temperaturkontrolle und Rauchführung anderer Outdoor-Köche nicht durcheinanderbringen, denn Smoken ist im Wesentlichen nichts anderes, als Speisen in einem gewissen Abstand über Feuer zu garen, das mit schwelendem, aromatischem Holz brennt.*

Wenn Sie jetzt an Barbecue aus den Südstaaten der USA denken, dann liegen Sie nicht verkehrt. Doch Räuchern war und ist weit mehr als dieser BBQ-Stil, bei dem es darum geht, große Bratenstücke stundenlang bei schwacher Hitze zart zu bekommen. Sie finden in diesem Buch natürlich einige Barbecue-Klassiker wie Rinderbrust (Brisket), Pulled Pork und eine Spareribs-Variante (eine Reminiszenz an das, was ich vor gut 30 Jahren in Louisiana gegessen hatte). Doch so sehr ich diesen BBQ-Stil mag – in diesem Buch geht es mir darum, die ganze Bandbreite des Räucherns und Smokens vorzustellen und Sie mit Gerichten bekannt zu machen, die durch mehr oder weniger Rauch einfach besser werden. Beispielweise wusste ich natürlich, dass marinierte Rib-Eye-Steaks ein Fest für die Sinne sind, wenn sie über Holzkohle gegrillt werden. Warum aber nicht noch ein paar Räucherchips zur Glut geben? Und dazu noch ein paar kräftige frische Thymianzweige? Ich sage Ihnen, das Resultat ist überwältigend. Unbeirrt von Vorstellungen davon, was man räuchern kann und was nicht, habe ich in diesem Buch meiner Fantasie freien Lauf gelassen. Das merken Sie vielleicht an Rezepten wie beispielsweise Geräucherter Brie mit Himbeer-Balsamico-Sirup (siehe Seite 194), den ich auf ein Räucherbrett packe und ihm zusätzlich noch das süßliche Aroma von Kirschholz-Chips mitgebe. Einige Rezepte lassen sich keiner speziellen Küchentradition zuordnen, aber allen gemeinsam ist, dass ich reiche Erkenntnisse über das Smoken erlangt habe und sein Geheimnis lüften konnte.

Eine Erkenntnis ist: Rauch wirkt wie ein Gewürz. Gute Köche entwickeln ein Gespür dafür, wie viel von einem bestimmten Gewürz in ein Gericht gehört. Sie lernen von anderen Köchen und aus Kochbüchern. In diesem Buch lernen Sie, warum beim Räuchern weniger Rauch oft mehr ist. Tatsächlich ist der Einsatz von zu viel Rauch ein klassischer Anfängerfehler. Davon wird das Grillgut bitter und rußig. Alle Rezepte in diesem Buch beinhalten Empfehlungen hinsichtlich Holzart und Räucherdauer; halten Sie sich zunächst daran. Falls Ihnen ein intensiveres Raucharoma lieber ist, können Sie die Dosis ja beim nächsten Mal etwas steigern.

Eine weitere Erkenntnis zum Thema Smoken: Die Temperatur ist entscheidend. Wenn Sie die Glut so im Griff haben, dass die Temperatur fast konstant im gewünschten Bereich bleibt, und wenn Ihr Gerät Holz sauber verbrennt, dann können Sie mit ausgezeichneten Räucherergebnissen rechnen. Wenn aber die Temperatur ständig extrem schwankt oder der Rauch dunkel und rußig ist, dann leidet das Grillgut. Dass man Lebensmittel auf dem Räucher- oder auf dem Holzkohlegrill smoken kann, muss ich wohl kaum erwähnen. Doch ich möchte betonen, dass sich auch ein Gasgrill dafür eignet. Warum? Weil kein Grillgerät die Temperaturen – selbst die sehr schwache Hitze, die zum Smoken häufig benötigt wird – so gut hält wie ein Gasgrill. Wenn Ihr Gasgrill mit einer integrierten Räucherbox und möglichst auch noch mit einem Extrabrenner unter der Box ausgestattet ist, dann haben Sie gute Voraussetzungen für hervorragende Ergebnisse. Sie brauchen nur die Temperatur einzustellen, die Räucherchips anzuzünden und das Grillgut im richtigen Abstand über die Hitze zu legen. Mehr über das Räuchern mit dem Gasgrill, dem Holzkohle- oder Räuchergrill erfahren Sie auf den Seiten 20–25.

Viele andere Erkenntnisse, die ich im Laufe der Zeit erlangt habe, sind in die Rezepte eingeflossen. So stehen bei vielen Rezepten Tipps – etwa wie man das Fleisch schneiden sollte oder dass man Geflügel vor dem Garen pökeln kann. In anderen Fällen liegt das Erfolgsgeheimnis darin, das Feuer korrekt zu entfachen, zum richtigen Zeitpunkt die Holz-Chips hinzuzufügen oder im richtigen Moment eine Garprobe zu machen. Je mehr Rezepte dieses Buchs Sie ausprobieren, desto eher werden Sie merken, dass das Smoken nichts Geheimnisvolles an sich hat; man sollte nur ein paar Grundlagen beachten.

Ich betrachte dieses Buch als einen vollständigen Kurs über das Räuchern von Speisen, das nun auch ein Kapitel über vegetarische Hauptgerichte sowie über Desserts beinhaltet. Es beginnt mit den Grundlagen, damit Sie Unsicherheiten oder Verunsicherungen hinter sich lassen können. Später lernen Sie Fähigkeiten und Techniken kennen, die beim Smoken auf dem Grill fast immer sehr nützlich sind. Natürlich finden Sie im Buch auch viele Gelegenheiten, das Gelernte anzuwenden und zu perfektionieren. Sie könnten mit einfachen Rezepten wie etwa Geräucherter Hackbraten mit Bacon (siehe Seite 48) beginnen, doch wenn für Sie aus einem Hobby bald eine Leidenschaft wird, dann dauert es bestimmt nicht lange, und Sie trauen sich an Rezepte wie Forellen-Artischocken-Dip (siehe Seite 192) und Pfeffriges Beef-Jerky (siehe Seite 80). Ich hoffe, dass Sie nach dem Absolvieren dieses Kurses eine Menge nützliche Informationen bekommen haben und neugierig geworden sind auf die Welt des Smokens.

weber

GRUNDLAGEN DES SMOKENS

BRENNMATERIALIEN

Vermutlich entdeckten Steinzeitmenschen die konservierende Wirkung des Rauchs und damit das Räuchern. Dabei wurde Holz als Energiequelle genutzt. Manche Grillköche schwören noch heute auf Holz, obwohl Holzscheite zum Grillen oder Räuchern eher ungeeignet sind. Es kann nämlich bis zu einer Stunde dauern, bis sich die Flammen beruhigt haben und die Glut eine konstante Hitze abgibt. Frisches Holz kann zudem einen so starken Rauch entwickeln, dass der Geschmack der Speisen verdorben wird. Diese und andere Nachteile haben dazu geführt, Alternativen zu Holz zu entwickeln.

HOLZKOHLE

Die Grillkohle wird aus Hartholzscheiten hergestellt, die unter Luftabschluss stark erhitzt werden. Dadurch verbrennen die Scheite nicht, sondern verkohlen. Viele der leichtflüchtigen Bestandteile des Holzes werden dabei verbrannt, zurück bleibt die in Stücke zerfallene Holzkohle – annähernd reiner Kohlenstoff. Holzkohle entzündet sich schneller als Holzstücke, und die Glut hält die Wärme gut und relativ gleichmäßig. Während Holzkohle brennt, entwickeln sich reine, aromatische Rauchfähnchen, die nach dem Holz, aus dem sie hergestellt wurde, riechen. Doch Holzkohle ist nicht gleich Holzkohle. Halten Sie Ausschau nach Grillkohle, die aus Ihrem Lieblingsholz (z. B. Hickory oder Eiche oder eine Kombination daraus) und aus gleichmäßigen, möglichst faustgroßen oder noch größeren Stücken besteht, die deutlich die ursprüngliche Maserung des Holzes zeigen. Viele kleine Stücke und Staub in der Packung deuten auf schlechte Holzqualität aus Industrieabfällen hin.

HARTHOLZ-BRIKETTS

Die kompakten schwarzen Kissen bestehen aus kleinen Holzkohlebrocken, die mithilfe eines natürlichen Bindemittels (in der Regel Maisstärke) in Form gepresst wurden. So erhalten diese Grillbriketts eine große Dichte, wodurch sie länger und gleichmäßiger brennen als die willkürlich geformten Kohlestücke, deren unregelmäßige Größe und Form dazu führt, dass auch die Glut nie ganz gleichmäßig ist. Hartholz-Briketts sind zum Räuchern also besser geeignet als Holzkohle, weil sich mit ihnen die gewünschte Temperatur leichter erreichen und gleichmäßiger halten lässt. Die Briketts erzeugen zwar nicht im gleichen Maße Raucharoma wie Holzkohle, doch mit Räucherchips oder Chunks (Räucherhölzern) auf der Glut lässt sich das gewünschte Aroma problemlos erzeugen.

STANDARD-HOLZKOHLEBRIKETTS

Viele Grillbriketts werden aus Holzkohlenstaub und anderen Materialien wie Braunkohle, Ton und Kalkstein gepresst; dazu kommt ein Bindemittel wie etwa Maisstärke. Mit diesen Briketts wird eine nicht so heiße Glut erzeugt wie mit Hartholz-Holzkohle oder -Briketts. Für das erfolgreiche Räuchern ist eine sehr hohe Temperatur jedoch nicht so entscheidend, weshalb diese Briketts sowohl im Holzkohle- als auch im Räuchergrill für das Räuchern durchaus geeignet sind. Werden ein paar Räucherchips oder Chunks auf die Glut gelegt, entsteht das gewünschte Raucharoma. Es gibt Briketts, die mit einer Anzündhilfe versetzt worden sind; diese kann dem Grillgut ein öliges, rußiges Aroma verleihen. Besser ist es, reine Briketts und einen Anzündkamin zu verwenden (siehe Seite 20–21).

GAS

Gegenüber Holz, Holzkohle oder Briketts hat Gas einen klaren Vorteil: Es verbrennt relativ sauber bei genau der Temperatur, die gewünscht ist. Solange genug Gas vorhanden ist, brennt ein guter Gasgrill bei nahezu jeder Temperatur, einschließlich ganz schwacher Hitze, die fürs Räuchern häufig nötig ist. Das Propangas aus der Flasche wird durch einen Regler am Gasgrill aufgedreht. Mit diesem Regler lässt sich auch die Hitze regulieren: Soll sie erhöht werden, dreht man einfach das Gas etwas mehr auf. Beim Grillen auf dem Gasgrill entsteht das Raucharoma durch Fett und Flüssigkeit, die auf den heißen Grillrost oder auf die Aromaschienen (Flavoriser Bars) und die Brenner darunter tropfen und dort verbrennen. Dieses Raucharoma ist völlig anders als das, das durch Holzrauch entsteht. Wenn man jedoch die Räucherbox eines Gasgrills mit Räucherchips füllt, lässt sich auch auf dem Gasgrill ein herrliches Holzraucharoma erzeugen (siehe Seite 24–25).

EIN HOLZKOHLEFEUER ENTFACHEN

Bevor Sie den Grill anzünden, sollten Sie die Räucherchips mindestens 30 Minuten in Wasser einweichen, beispielsweise in einer Einweg-Aluschale. Die Chips müssen dabei vollständig mit Wasser bedeckt sein.

Zünden Sie die Holzkohle stets auf absolut sichere Art an. Am besten gelingt das mit einem Anzündkamin – ein Metallzylinder mit einem hitzebeständigen Griff an der Außenseite und einem gelochten Metallgitter im Inneren.

Den Anzündkamin nach Rezeptvorgabe mit der entsprechenden Menge Holzkohle füllen. Den Grillrost vom Grill nehmen, 2–3 Anzündwürfel auf den Kohlerost legen und diese anzünden. Dann den Anzündkamin darüberstellen. Da zum Räuchern meist schwache bis mittlere Hitze genügt, muss die Kammer des Anzündkamins nicht bis zum Rand voll sein. Manchmal ist es sogar besser, zu Beginn des Smokens den Anzündkamin nur zu einem Drittel mit Kohle zu füllen. Kohle nachlegen können Sie immer noch.

Der Vorteil eines Anzündkamins liegt darin, dass er die heiße Luft von unten ansaugt und sie durch die Kohle schleust. Die Kohle brennt dadurch viel schneller, als wenn Sie sie auf dem Kohlerost ausbreiten würden. Wer keinen Anzündkamin hat, baut sich auf dem Kohlerost aus Holzkohle eine Pyramide um ein paar Anzündwürfel und zündet die Würfel an. Sobald die Kohlen in der Mitte glühen, werden die noch nicht brennenden Kohlestücke mit einer langstieligen Zange obenauf gelegt. Wenn die gesamte Holzkohle leuchtend orange glüht und mit einer Ascheschicht überzogen ist, wird sie auf dem Kohlerost verteilt.

Bei guter Ventilation brauchen Holzkohlestücke etwa 15 Minuten bis sie glühen, Weber® Briketts 20 Minuten bei einem vollen Anzündkamin, etwa 10 Minuten bei einem zu einem Drittel gefüllten Anzündkamin. Lassen Sie Holzkohle oder Briketts aber nicht zu lange vorglühen, sonst bleibt am Ende nur pulverisierte Kohle übrig.

WIE HEISS SOLL DIE GLUT SEIN?

- starke Hitze: 230–290 °C
- mittlere Hitze: 175–230 °C
- schwache Hitze: 120–175 °C
- sehr schwache Hitze: 95–120 °C

Die Räucherchips müssen mind. 30 Minuten in Wasser eingeweicht werden. Achten Sie darauf, dass sie vollständig mit Wasser bedeckt sind.

Mit Anzündwürfeln, die unter dem Kamin liegen, gelingt ein geruchsneutrales, ungiftiges Anzünden der Holzkohlestücke oder Briketts.

Kaminwirkung: Die heiße Luft wird von unten angesaugt und durch die Kohle geschleust. Weber® Briketts glühen bereits nach 20 Minuten.

DIREKTE ODER INDIREKTE HITZE?

Ausreichende Hitze durch einen der besprochenen Brennstoffe ist das eine, doch wie Sie mit der Hitze umgehen, ist die wirklich entscheidende Frage. Sie haben die Wahl, mit direkter oder indirekter Hitze zu grillen bzw. zu räuchern oder auch mit beiden Hitzezonen, was häufig sehr empfehlenswert ist.

DIREKTE HITZE

Bei direkter Hitze liegt das Grillgut direkt über stark strahlender Hitze, beispielsweise über glimmenden Kohlen oder dem Gasfeuer. Diese Art des Garens wird meist als Grillen bezeichnet, doch direkte Hitze kann auch beim Räuchern wunderbare Geschmacksergebnisse erzielen. In der Regel gelingt Grillgut, das weniger als 20 Minuten Garzeit benötigt, am besten über direkter Hitze: beispielsweise Burger, Steaks, Schweinefilet, Hähnchenteile ohne Knochen oder auch Fischfilets.

INDIREKTE HITZE

Bei indirekter Hitze befindet sich die Glut auf einer (Zwei-Zonen-Glut) oder auch auf beiden Außenseiten des Kohlerosts (geteilte Drei-Zonen-Glut). Das Grillgut liegt über dem Bereich ohne Glut. Oder es wird vor der Glut abgeschirmt. Beim Gasgrill sieht das dann so aus: Die rechten und linken Brenner brennen, die mittleren Brenner nicht. Das Gargut liegt in der Mitte und räuchert auf diese Weise über indirekter Hitze. Indirekte Hitze ist die bevorzugte Wahl für größeres Grillgut, dessen Garzeit länger als 20 Minuten beträgt: etwa ein ganzes Hähnchen, eine Schweinelende, Ribs (Rippchen), Brisket (Rinderbrust), ein ganzer Truthahn usw.

EIN WENIG VON JEDER HITZE

Manchmal ist es empfehlenswert, sowohl die direkte als auch die indirekte Hitze zu nutzen – auch beim Räuchern. Beispielsweise können Hähnchenkeulen mit Knochen zuerst über direkter Hitze knusprig gebräunt und anschließend über indirekter Hitze langsam durchgegart werden. Würde man die Teile nur über direkter Hitze grillen, könnten sie außen leicht verbrennen, bevor sie innen gar sind. Die Kombination beider Hitzearten ermöglicht knusprige Haut einerseits und perfekt durchgegartes Fleisch andererseits. Wenn Sie die Keulen räuchern möchten, brauchen Sie nur Holz-Chips auf die Glut oder in die Räucherbox des Gasgrills zu geben, währenddessen das Fleisch über indirekter Hitze fertig gart.

Direkte Hitze im Gasgrill bedeutet, dass die Zutaten über dem Feuer liegen. Bei indirekter Hitze brennen nur die äußeren Brenner, die Zutat liegt in der Mitte.

Zwei-Zonen-Glut: Die glühenden Kohlen liegen auf einer Seite des Kohlerosts, die andere Seite bleibt für die indirekte Zone frei.

Die geteilte Drei-Zonen-Glut: Die Kohlen liegen auf beiden Seiten und ergeben zwei Bereiche für direkte Hitze, der Bereich in der Mitte ist die indirekte Zone.

GRILLGERÄTE

Die meisten Kulturhistoriker sind sich darüber einig, dass die ersten Räuchergrills nichts anderes als Gestelle aus Ästen und Zweigen waren, die hoch über rauchender Glut angebracht wurden, um Fische oder Fleisch zu räuchern und so zu konservieren. Schließlich wurde irgendwann herausgefunden, dass sich der Räucherprozess viel besser steuern lässt, wenn sich Lebensmittel und Feuer in einem geschlossenen System befinden. Heute gibt es unterschiedliche geschlossene Räuchergrills. Die gängigsten werden hier vorgestellt.

HOLZKOHLEGRILL

Mit einem Holzkohle-Kugelgrill wird meist nur gegrillt – doch Grillen und Räuchern gehören beim Outdoor-Kochen eng zusammen. Weil die meisten Grillköche einen Holzkohlegrill besitzen, sollten sie ihn für die ersten Räucherexperimente verwenden. Am besten beginnen Sie damit, eine Holzkohleglut auf einer Außenseite des Kohlerosts zu entfachen (die sogenannte Zwei-Zonen-Glut, siehe Seite 20). Das Grillgut wird auf den Grillrost über die indirekte Zone gelegt. Werden nun ein paar Räucherchips auf der Glut verteilt und der Deckel des Grills geschlossen, beginnt das Räuchern. Damit es erfolgreich verläuft, müssen Sie die Hitze steuern, also die Glut beobachten und die Sauerstoffzufuhr mit den Lüftungsschiebern regulieren. Sie sind also aktiv am Räucherprozess beteiligt.

RÄUCHERGRILL/ SMOKER

Der Smokey Mountain Cooker® von Weber kann eine Hitze von 95–120 °C mindestens 4 Stunden konstant halten, oft sogar noch länger (je nach Brennstoff). Er ist geformt wie eine senkrecht stehende Patrone und besteht aus drei Elementen: Kohle und Holz brennen im unteren Bereich, der mit einem Lüftungsschieber ausgestattet ist und mit dessen Hilfe sich die Sauerstoffzirkulation regulieren lässt. Die Wasserschale in der Mitte fungiert wie ein Schild zwischen glühender Kohle und Grillgut – so wird indirekte Hitze erzeugt. Die Zutaten liegen auf einem oder zwei Grillrosten über der Wasserschale. Den oberen Bereich bildet der gewölbte Deckel, der ein Thermometer und einen verstellbaren Lüftungsschieber hat.

BARREL SMOKER

Hier brennen Holzkohle und Holz in einer speziellen Kammer (der Firebox oder Brennkammer), die sich abseits der eigentlichen Garkammer befindet. Dank dieser Konstruktion kann die Garkammer nicht zu heiß werden. An der Außenseite der Brennkammer befinden sich Lüftungsschlitze, mit denen sich die Luftzufuhr regulieren lässt. Außerdem gibt es noch Lüftungschlitze am Kamin über der Garkammer, mit dem die Geschwindigkeit, mit der Luft und Rauch durch den Smoker ziehen, reguliert werden kann. Das Gerät ist eine Weiterentwicklung der einfachen Barrel Smoker früherer Zeiten: Leere Ölfässer wurden längs aufgeschnitten und aufgeklappt, ein Grillrost wurde hineingesetzt, die Fässer auf die Seite gelegt, sodass Glut und Holz auf einer Tonnenseite brannten und das Grillgut auf der anderen Seite geräuchert wurde.

und die Zutat liegt über einem ausgeschalteten Brenner. Indem die Brenner-Temperatur unter der Räucherbox reguliert wird, lässt sich bestimmen, wie schnell die Chips aromatisierenden Rauch abgeben.

GASGRILL

Mit einem Gasgrill lassen sich sehr gute Räucherergebnisse erzielen. Fische, Wurst und Fleisch werden im großen Stil überall auf der Welt in Gas-Räucheröfen geräuchert, und selbst berühmte Barbecue-Restaurants arbeiten mit gasbetriebenen Smokern, in denen Holz nur zur Aromagewinnung verbrannt wird. Denn es ist mit einem Gasgrill so viel einfacher, die ideale Räuchertemperatur zu halten. Was für kommerzielle Geräte gilt, trifft auch für die Gasgrills von Weber zu: Sobald die Grills die richtige Hitze erreicht haben und Holz-Chips in der integrierten Räucherbox verbrennen, kann fast jede Zutat damit geräuchert werden – mit hervorragenden Resultaten. Meist wird das Grillgut über indirekter Hitze geräuchert: Es brennen nur einige Brenner,

RÄUCHERSCHRANK

In einem solchen Gerät können 12 Kilogramm Lebensmittel oder auch mehr auf einmal geräuchert werden. Die Konstruktion ähnelt der des Barrel Smokers, da auch hier Brenn- und Garkammer voneinander getrennt sind. Die ersten Räucherschränke wurden aus alten Kühlschränken hergestellt, denn sie waren billig und hatten dicke, gut isolierte Wände. Weil das Prinzip bestens funktionierte, übernahmen es manche Hersteller und integrierten eine digitale Technik, die es ermöglicht, Temperatur, Räucherzeit und sogar Rauchmenge zu programmieren. Letztere wird meist von Holz-Pellets erzeugt, die nach und nach mittels einer Förderschnecke in eine elektrische Brennkammer gefüllt werden – ein vollautomatisches Räuchererlebnis.

SUMMIT CHARCOAL GRILL®

Weber hat einen Holzkohlegrill auf den Markt gebracht, der hinsichtlich Design und Funktionen neue Maßstäbe setzt: Mit dem Weber Summit Charcoal Grill® kann man sowohl bei schwacher Hitze räuchern als auch bei stärkster Hitze grillen. Er sieht ähnlich wie ein klassischer Kugelgrill aus, unterscheidet sich aber wesentlich von ihm. Kessel und Deckel des Summit Charcoal Grill® bestehen aus doppelwandigem Stahl mit einer Luftisolierung dazwischen, was dafür sorgt, dass die Hitze (gerade auch bei kalter Witterung) über einen Zeitraum von 8 Stunden und länger gehalten wird, und dies bei nur zwei Kohlekörben Briketts. Das integrierte Deckelthermometer misst noch genauer, und der Rapidfire® Deckellüfter lässt sich vollständig öffnen: Damit kann die Grillkohle wie in einem Anzündkamin schnell durchgeglüht und die Temperatur noch besser geregelt werden. Zum Räuchern werden Briketts und Holz im unteren Bereich angezündet, über dem Kohlerost wird eine Diffusor-Platte aus Edelstahl gelegt, die das Grillgut, das über der Platte auf einem Grillrost liegt, vor direkter Hitze abschirmt.

Das Design des Summit Charcoal Grill® erinnert ein wenig an das von Kamado-Öfen, doch anstelle von Keramik oder Glasfasern ist der revolutionäre neue Weber-Grill aus porzellanemailliertem Stahl gefertigt, was u. a. die Hitzekontrolle wesentlich einfacher und effizienter macht.

UNVERZICHTBARE HELFER

GRILLZANGE

Das mit Abstand am meisten gebrauchte Zubehör. Man sollte drei Grillzangen parat haben: eine für die Handhabung von rohem Fleisch, eine für gegartes Grillgut und eine dritte für Holzkohle bzw. Räucherchips und Chunks. Die Zangen sollte über einen Federmechanismus verfügen, stabil und lang genug sein.

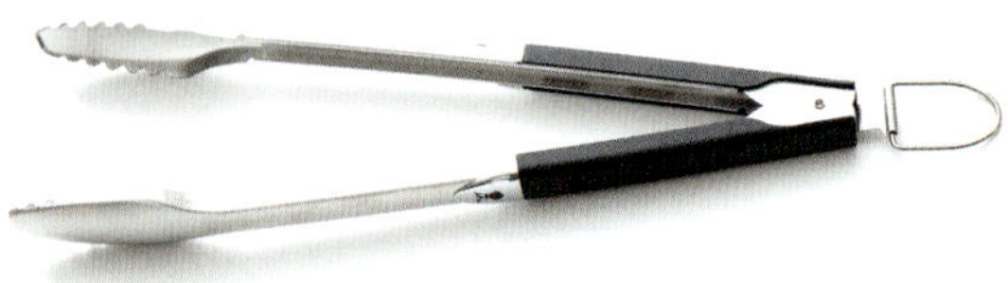

GRILLBÜRSTE

Ein unverzichtbares Tool für den Grillrost, mit dem die heißen Streben des Rosts vor dem Grillen oder Räuchern kräftig abgebürstet werden, um alle anhaftenden Essensreste zu entfernen. Bürsten mit robusten Edelstahlborsten sind am besten.

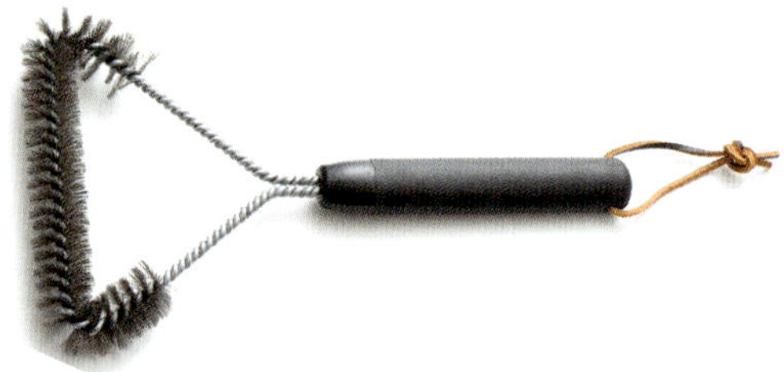

ANZÜNDKAMIN

Mit diesem einfachen und preiswerten Zubehör können Sie mühelos Holzkohle und Grillbriketts vorglühen. Der Kamin wird mit Kohle gefüllt, die geruchsneutralen, ungiftigen Anzündwürfel kommen unter den Kamin. Die zylinderförmige Bauart des Kamins garantiert ein schnelles und gleichmäßiges Durchglühen der Kohle – flüssige Anzündhilfe ist nicht notwendig.

DIGITALES FLEISCH-THERMOMETER

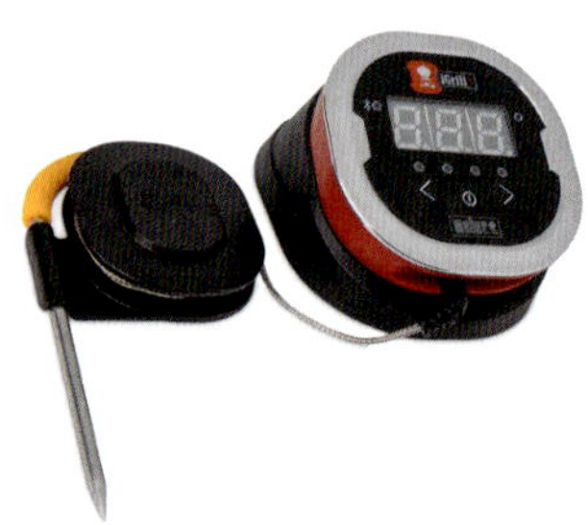

Damit können Sie den Garzustand des Grillguts perfekt prüfen, denn ein Thermometer guter Qualität liegt nie falsch. Der Messfühler eines Funkthermometers bleibt während des Garens im Grillgut und übermittelt ständig, z. B. auf Ihr Smartphone oder Tablet, die entsprechende Kerntemperatur des Grillguts.

GRILLHANDSCHUHE

Beim Hantieren mit Feuer, glühenden Kohlen oder heißen Rosten ist es wichtig, dass Sie Ihre Hände (und Unterarme) gut schützen. Investieren Sie in dicke, hitzebeständige Grillhandschuhe.

EINWEG-ALUSCHALEN

Die sollten Sie immer griffbereit haben. Sie sind vielseitig einsetzbar, zum Beispiel zum Einweichen von Holz-Chips, als Ersatz für eine Wasserschale oder nur zum Ablegen des Grillguts. Ebenso können sie als Grillschale verwendet werden, um z.B. kostbaren Bratenfond aufzufangen.

SPARERIB-HALTER

Dieses sehr praktische Zubehör hält Ribs aufrecht auf dem Grill und spart deshalb Platz. So können Sie fünf Spareribs auf einmal zubereiten statt nur zwei, die flach auf den Grill gelegt werden müssen.

SPRITZE

Einer der Geheimtipps von vielen Grillprofis ist, das Fleisch vor dem Räuchern mit einer würzigen Marinade oder Lake zu »impfen«. Mit diesem Werkzeug lässt sich die Flüssigkeit gleichmäßig in das Fleisch injizieren.

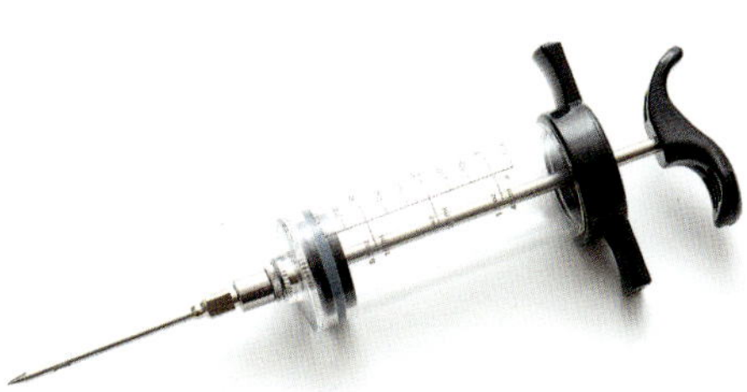

MEHLSIEB

Mit seiner Hilfe können Sie Ihre Lieblingswürzmischung mit ein paar Handumdrehungen schnell und gleichmäßig auf dem Fleisch verteilen.

SPRÜHFLASCHE

Füllen Sie eine Flasche mit Apfelsaft und Essig. Geräuchertes Fleisch, das mit dieser Mischung besprüht wird, bleibt feucht. Mit Wasser gefüllte Sprühflaschen helfen beim Löschen hochschlagender Flammen.

BLECHWANNE

Grillprofis schütten die heiße Asche in eine solche Wanne, um sie darin abkühlen zu lassen und dann zu entsorgen. Auch den heißen Anzündkamin kann man gut in der Wanne abstellen. Stellen Sie die Wanne stets auf einen nicht brennbaren Untergrund.

TIMER

Wenn die Grillzeit entscheidend ist, dann ist ein Timer ein Muss. Er erinnert Sie daran, wann Sie Kohlen nachlegen oder das Fleisch wenden müssen. Mit zwei Zeitmessern sind Sie auf der absolut sicheren Seite.

DER RAUCH

Welches Holz zum Räuchern am besten geeignet ist – darüber gibt es viele unterschiedliche Meinungen. Letztendlich entscheidet der persönliche Geschmack über die Wahl des Räucherholzes. Wenn Sie den Rauch einer speziellen Holzart zu einem bestimmten Stück Fleisch bevorzugen, dann ist das für Sie die richtige Wahl! Wer noch keine Erfahrung mit dem Räuchern hat, sollte sich zunächst nach den Vorschlägen auf den nächsten Seiten richten und danach entscheiden, was gefällt und was nicht.
Zum Smoken werden sowohl Räucherchips als auch Chunks (Räucherhölzer) angeboten. Sie kommen etwas unterschiedlich zur Anwendung.

RÄUCHERCHIPS

Die kleinen Holzspäne sind grob gespalten und haben daher eine große Oberfläche. Sie sollten vor ihrem Einsatz mindestens 30 Minuten in Wasser eingeweicht werden. Andernfalls fangen sie leicht Feuer und erhöhen so die Hitze im Grill. Nach dem Einweichen lässt sich das überschüssige Wasser leicht abschütteln, dann werden die Chips einfach auf der Glut verteilt oder in die Räucherbox des Gasgrills gegeben. Ein paar Handvoll Chips sorgen etwa 20 Minuten für Rauch.

CHUNKS

In der Größe variieren die Holzstücke von Golfball- bis Bierdosengröße. Faustgroße Stücke, die normale Version, schwelen ein paar Stunden auf der Holzkohleglut. Für die Räucherbox des Gasgrills sind sie allerdings zu groß. Sie müssen nicht eingeweicht werden, da das Wasser ohnehin nur ein paar Millimeter tief eindringen würde. Wenn Sie nicht möchten, dass die Räucherhölzer auf der Glut Feuer fangen (was durchaus passieren kann), legen Sie sie an den Rand der glühenden Kohlen.

RÄUCHERBRETTER

Die dünnen Bretter gibt es mittlerweile in unterschiedlichen Größen: in kleinen Quadraten, auf die gerade ein Kotelett passt, bis zu Rechtecken, auf denen ein ganzer Lachs Platz hat. Räucherbretter müssen immer mindestens 2 Stunden gewässert werden, bevor man sie auf dem Grill ankohlen lässt. Sobald das Brett auf einer Seite Rauch entwickelt, das Brett umdrehen, das Grillgut darauflegen und räuchern. Stellen Sie eine mit Wasser gefüllte Sprühflasche neben den Grill, damit Sie hochschlagende Flammen löschen können.

WOOD WRAPS

Die neuen Helden auf der Räucherbühne sind papierdünne Holzblätter, häufig aus Erlen- oder Zedernholz. Sie müssen mindestens 10 Minuten gewässert werden, bevor man das Räuchergut in sie einwickeln kann. Das Ganze muss dann nur noch mit Küchengarn zusammengebunden und auf den Grill gelegt werden. Wood Wraps geben ein leichtes, süßliches Raucharoma ab.

WAS PASST ZUSAMMEN?

Diskussionen über Religion oder Politik können kaum heftiger geführt werden als die Frage, welche Art von Rauch am besten zu welcher Speise passt. Was den Geschmack betrifft, werden die eigenen Grundsätze ja nicht selten erbittert verteidigt. Holzrauch – und darin stimmen die meisten Köche überein – kann unterschiedlich stark und aromatisch sein, die Palette reicht von mild bis stark. Es bietet sich an, die Intensität und das Aroma des Rauchs dem Geschmack des jeweiligen Räucherguts anzupassen. Hier finden Sie ein paar Vorschläge dazu:

MILD

Kirsche, Apfel, Birne, Buche – zartes Aroma, leicht süßlicher Rauch mit fruchtigen Hintergrundnoten
Passt gut zu: Geflügel, Schweinefleisch, Meeresfrüchten

MITTEL

Hickory, Eiche, Maple (Ahorn) – intensives, aber herrlich holziges Aroma mit erdigem Abgang
Passt gut zu: Schweinefleisch, Geflügel, Rindfleisch, Gemüse

STARK

Mesquite, eine Klasse für sich – starker, intensiver Rauch, der fast bitter ist
Passt gut zu: Rind- und Lammfleisch

Sie brauchen sich beim Smoken übrigens nicht für eine einzige Holzart zu entscheiden. Manchmal ergibt sich ein viel schönerer Rauch aus der Mischung von zwei oder drei verschiedenen Hölzern. Wenn Sie etwa Hickory- und Apfelholz zu gleichen Teilen verwenden, entsteht ein süßlich duftender Rauch, der so stark ist, dass er Spareribs oder eine Rinderbrust herrlich würzt. Wer experimentierfreudig ist, sollte auch einmal andere Räucherzutaten ausprobieren:

Rosmarinzweige
Lavendelzweige
eingeweichte Zimtstangen
eingeweichte schwarze Pfefferkörner
eingeweichte Kardamomkapseln
Teeblätter
Weinreben

VORSICHT

Die Versuchung ist groß, einfach irgendein Holz, wie abgefallene Zweige aus dem Garten, auf den Grill zu werfen. Doch bedenken Sie: Weiche, harzreiche Holzsorten, beispielsweise Pinie oder auch Holunder, erzeugen einen beißenden Rauch, der sogar giftig sein kann oder zumindest nicht schmeckt, wie etwa der von Nadelhölzern. Außerdem sollten Sie sich immer vergewissern, dass alles, was Sie zum Smoken verwenden, nicht chemisch behandelt worden ist. Denn: Was im Rauch ist, landet auch im Essen.

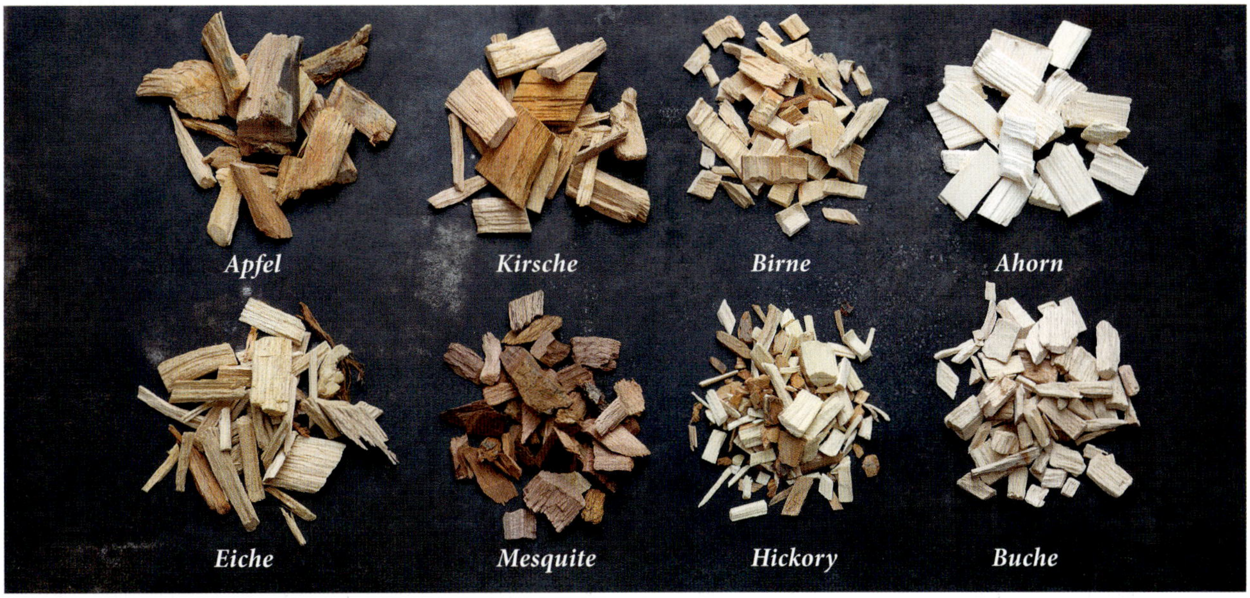

SMOKEN MIT DEM HOLZKOHLEGRILL

DEN GRILL VORBEREITEN

1 Räucherchips mindestens 30 Minuten in Wasser einweichen; so verbrennen sie nicht auf der Glut, sondern schwelen nur. Chunks werden nicht eingeweicht, da das Wasser ohnehin nur ein paar Milimeter tief eindringen würde. Die Holzkohle anzünden, wie auf Seite 12 gezeigt. Meistens braucht man zum Smoken nur eine kleine Lage Kohle, deshalb den Anzündkamin nur etwa zu einem Drittel füllen.

2 Die glühenden Kohlen auf eine Seite des Kohlerosts schütten – entweder direkt auf den Rost oder rechts und links in die Kohlekörbe. Den noch heißen Anzündkamin stets auf einer hitzefesten Fläche abstellen. Kohlen, die direkt auf dem Kohlerost liegen, mithilfe einer langen Grillzange so arrangieren, dass sie den Rost nur zu einem Drittel bedecken. Sie können auch in doppelter Lage liegen, höher ist nicht ratsam. Da Sie möglicherweise nur mittlere oder schwache indirekte Hitze benötigen, beginnen Sie am besten mit einer kleineren Kohlemenge.

3 Für Rezepte, die mehr als 30 Minuten Grillzeit erfordern, stellen Sie eine Wasserschale (z. B. eine Einweg-Aluschale) auf die leere Seite des Kohlerosts. Füllen Sie die Schale zwei Drittel hoch mit Wasser. Fett und Säfte tropfen dann während des Smokens in die Schale und nicht in den Grillkessel. Das Wasser trägt zudem dazu bei, die Grilltemperatur niedrig zu halten, und es verleiht dem Grillgut ein wenig Feuchtigkeit. Asche, die sich am Boden der Ascheschale an den Lüftungsschlitzen angesammelt hat, mit einer Grillzange wegschieben, weil zu viel Asche die Sauerstoffzirkulation im Gerät beeinträchtigt. Vergewissern Sie sich, dass der untere Lüftungsschieber ganz geöffnet ist.

4 Den Grillrost einhängen. Wenn Ihr Rost aufklappbare Seiten hat, hängen Sie eine dieser Seiten über die Kohle, dann können Sie, falls nötig, ganz einfach Kohle nachlegen, ohne den Rost abnehmen zu müssen. Dann den Grilldeckel schließen und den oberen Lüftungsschieber ganz öffnen. Jetzt müssen Sie abwarten, bis die benötigte Hitze erreicht ist. Bedenken Sie dabei, dass die Temperatur, solange die Kohle brennt, erst einmal absinkt.

5 Am einfachsten lässt sich die Hitze im Grill mit einem im Deckel integrierten Thermometer messen. Oder mit der »manuellen Methode«: Die Handfläche im Abstand von 12–15 cm über den Grillrost halten. Die Dauer, wie lange Sie das aushalten, ist die Skala: Starke Hitze ertragen Sie 2–4 Sek., mittlere Hitze 5–7 Sek., schwache Hitze 8–10 Sek., sehr schwache Hitze 11–12 Sek. Die entsprechenden Temperaturangaben finden Sie auf Seite 12.

6 Sobald die erwünschte Temperatur erreicht ist, den Deckel öffnen und den Grillrost säubern. Die Holz-Chips abtropfen lassen und auf der Glut verteilen. Sie sollen feucht, aber nicht tropfnass sein. Auch jetzt fällt die Temperatur noch einmal. Sobald die Chips schwelen, steigt sie wieder. Den Grill schließen und warten, bis Rauch entsteht. Den Grill öffnen und das Grillgut gegenüber der Glut auf dem Grillrost verteilen. Den Deckel so aufsetzen, dass der Lüftungsschieber gegenüber der Glut liegt; dadurch werden Hitze und Rauch über das Grillgut nach draußen gezogen.

DIE GLUT PFLEGEN

Wenn Sie länger als 30 Minuten grillen, müssen Sie irgendwann Kohle nachlegen. Dafür sollten Standardbriketts vorgeglüht werden, da sie beim Anbrennen unerwünschte Aromastoffe auf das Grillgut übertragen können. Holzkohle oder Hartholz-Briketts produzieren solche Aromen nicht, sodass man sie auch kalt nachlegen kann. Kleinere Holzkohlestücke haben eine kurze Brenndauer, müssen also häufiger nachgelegt werden. Größere Stücke brauchen etwas länger, bis sie heiß sind, brennen dafür aber auch nicht so schnell herunter. Die Sauerstoffzufuhr wird mit den Lüftungsschiebern reguliert. Je mehr Sauerstoff zugeführt wird, desto heißer ist die Glut und desto öfter muss man Grillkohle nachlegen. Um das zu vermeiden, lassen Sie den Deckel so häufig wie möglich geschlossen, den unteren Lüftungsschieber jedoch während des Grillens (fast) immer geöffnet. Damit das Feuer nicht so schnell herunterbrennt, können Sie den oberen Lüftungsschieber bei Bedarf bis zu drei Vierteln schließen.Eine längere Räucherzeit erfordert eventuell ein Nachlegen von Räucherchips. Auch die neuen Holz-Chips müssen zuvor mindestens 30 Minuten gewässert und dann gleichmäßig auf der Glut verteilt werden. Vergewissern Sie sich, dass die gesamte Grillkohle glüht, andernfalls könnte die Temperatur im Grill zu stark sinken, wenn nicht glühende Kohlestücke auf nasse Chips treffen. Wenn sich zu viel Asche in der unteren Ascheschale sammelt, kann sie die Lüftungsschlitze verstopfen und die Sauerstoffzufuhr reduzieren; dabei kann die Glut sogar erlöschen. Deshalb am besten stündlich die Asche aus den Lüftungsschlitzen fegen.

1
2
3
4
5
6

SMOKEN MIT DEM RÄUCHERGRILL

Mit einem Räuchergrill kann man Lebensmittel bei konstanten Temperaturen gut unter 150 °C über mehrere Stunden räuchern – mit einem Standardkugelgrill ist das nicht ganz so einfach. Ein gängiger Räuchergrill ist ein senkrechter Zylinder mit drei Abteilungen. Die Kohle brennt im unteren Bereich. In der Mitte befindet sich eine Wasserschale, die abtropfendes Fett auffängt und – das ist noch wichtiger – durch das Wasser die Temperatur konstant niedrig hält. Die Zutaten liegen auf einem oder zwei Grillrosten im mittleren Bereich. Obenauf liegt der Deckel mit wichtigen Lüftungsschiebern und einem Thermometer.

DEN GRILL VORBEREITEN

1 Zuerst den gesamten oberen und mittleren Teil des Grills abnehmen. Den Kohlerost in der Brennkammer einhängen und den Kohlering daraufsetzen. Den Anzündkamin bis zum Rand mit Briketts füllen, in den Ring leeren und gleichmäßig verteilen. Den Anzündkamin erneut bis zum Rand mit Briketts füllen (vorausgesetzt, Sie verwenden einen 57-cm-Smoker) und die Briketts wie auf Seite 12 beschrieben anzünden. Falls Sie mit einem 47-cm-Smoker räuchern, füllen Sie den Anzündkamin nur zur Hälfte mit Briketts und glühen diese vor.

2 Die Briketts nach 20 Minuten vorsichtig auf die nicht brennenden Briketts im Kohlering schütten und gleichmäßig verteilen. Nach und nach brennen dann alle Kohlen. Jetzt die leere Wasserschale im mittleren Teil einhängen und die Zugangstür zur Kohle schließen. Die Grillkammer, also das Mittelstück des Smokers, auf die Brennkammer setzen.

3 Die Wasserschale sofort drei Viertel hoch mit Wasser füllen, bevor sich die leere Schale zu sehr erhitzt. Dann die zwei Grillroste in der Grillkammer einsetzen.

4 Nun setzen Sie den Deckel auf. Der Smoker hat am Boden der Brennkammer sowie im Deckel einen Lüftungsschieber. Der obere Lüftungsschieber wird jetzt vollständig geöffnet, der untere zunächst nur zur Hälfte. Warten Sie, bis die ideale Hitze (110–120 °C) erreicht ist.

5 Den Zugang zur Kohle öffnen und mit einer langen Grillzange oder hitzebeständigen Grillhandschuhen so viele (trockene!) Chunks hineingeben, wie im Rezept angegeben sind. Den Zugang schließen und ein paar Minuten warten, bis Rauch aus den Deckelschlitzen strömt.

6 Den Deckel abnehmen und das Grillgut zuerst auf den unteren Rost geben. Wenn Sie beide Roste benutzen, sollten Sie bedenken, dass Fett und Säfte von oben nach unten tropfen. Das Fett eines Rinderbratens etwa sollte nicht auf ein Lachsfilet tröpfeln. Den Deckel aufsetzen und abwarten, bis die Temperatur im erwünschten Bereich liegt. Oft sinkt sie erst einmal ab, wenn das kalte Räuchergut auf dem Grill liegt. Ist die Hitze zu schwach, den oberen Lüftungsschieber ein wenig weiter öffnen. Ist die Hitze zu stark, den Lüftungsschieber höchstens zur Hälfte schließen – niemals ganz.

DIE GLUT PFLEGEN

Ein Räuchergrill kann die Temperatur über mehrere Stunden zwischen 110 und 135 °C konstant halten, ohne dass Brennstoff nachgelegt werden muss. Einer der Gründe dafür ist die Wasserschale. Sie befindet sich zwischen Glut und Grillgut und reguliert bis zu einem gewissen Grad die Temperatur im Smoker, indem sie Hitze abgibt oder aufnimmt.

Eine zweite Möglichkeit der Temperaturregulierung hat man mit dem unteren Lüftungsschieber. Je weniger Zuluft in den Räuchergrill einströmen kann, desto niedriger wird die Temperatur. Um die Temperatur zu erhöhen, wird der Lüftungsschieber weiter aufgemacht.

Sie können auch frische oder glühende Kohle nachlegen; bei einer Grilldauer von weniger als 4 Stunden ist das meist jedoch nicht nötig. Nicht durchgeglühte Standardbriketts verströmen anfangs oft ein bitteres Aroma, das den Geschmack des Grillguts verderben kann, deshalb sollten Sie diese erst im Anzündkamin vorglühen – oder naturbelassene Holzkohlestücke zum Nachlegen nehmen. Öffnen Sie den Deckel während des Räucherns so selten wie möglich.

Sobald aus dem oberen Lüftungsschieber kein Rauch mehr strömt, können weitere Chunks auf die Glut gelegt werden – aber maßvoll und nicht zu oft. Der Rauch sollte ganz leicht und gleichmäßig ausströmen und das Grillgut nicht mit dicken Schwaden umnebeln.

Füllen Sie alle paar Stunden die Wasserschale auf, damit die Hitze konstant bleibt.

1
2
3
4
5
6

SMOKEN MIT DEM GASGRILL

Den Gasgrill zum Räuchern vorzubereiten ist eigentlich kinderleicht, vor allem, wenn der Grill mit einer integrierten Räucherbox ausgestattet ist. Es geht allerdings auch ohne diese Box. Als erstes muss die im Rezept angegebene Menge an Räucherchips mindestens 30 Minuten in Wasser einweichen. Ansonsten besteht die Gefahr, dass die Chips verbrennen, anstelle zu schwelen, und mehr Flammen als Rauch produzieren.

DEN GRILL VORBEREITEN

1 Beachten Sie alle Sicherheitshinweise beim Vorbereiten eines Gasgrills. Zuerst den Deckel öffnen, damit ausströmendes Gas sich nicht im Grillraum sammeln kann.

2 Nun langsam das Gasventil öffnen und kurz warten, bis Gas durch die Leitungen strömt.

3 Dann die Brenner anzünden, auch den speziellen unter der Räucherbox, und alle auf höchste Stufe stellen. Den Deckel schließen und den Grill 10–15 Min. vorheizen. Sobald die Temperatur 260 °C erreicht hat, die Streben des Grillrosts mit einer langstieligen Grillbürste säubern. Meistens räuchert man über indirekter (und in der Regel schwacher) Hitze. Den oder die Brenner in der Mitte ausschalten, die äußeren auf die gewünschte Temperatur herunterschalten. Der Brenner unter der Räucherbox bleibt auf höchster Stufe eingestellt, damit die Holz-Chips schnell zu rauchen beginnen.

4 Mit einer langstieligen Grillzange den Deckel der Räucherbox öffnen. Ein paar gewässerte Holz-Chips mit der Zange fassen, abtropfen und in die Räucherbox fallen lassen. Die Chips so ausbreiten, dass sie den Boden der Box bedecken und möglichst viele direkt über der Hitze unter der Box liegen. Nach und nach so viele Chips in die Box geben, wie im Rezept angegeben. Den Deckel der Räucherbox schließen. Den Grilldeckel ebenfalls schließen und ein paar Minuten warten. Sobald Rauch sichtbar wird, den Brenner unter der Räucherbox auf mittlere oder kleine Stufe stellen, damit die Holz-Chips langsam schwelen.

5 Den Grilldeckel öffnen und das Grillgut mittig auf den Grillrost legen, also über den oder die ausgeschalteten Brenner. Den Deckel sofort wieder schließen und das Grillgut räuchern, dabei den Deckel so selten wie möglich öffnen. Über den Brenner unter der Räucherbox können Sie regeln, wie schnell oder langsam die Holz-Chips verglimmen. Meist sollte er auf kleinste Stufe gestellt sein, sodass die Chips langsam schwelen. Wenn Sie Chips nachlegen müssen, sollten Sie das tun, bevor die schwelenden Chips verglimmt sind. Sie dienen als Anzündhilfe für die neuen Räucherchips.

Beim Gasgrill wird die Temperatur nicht durch Öffnen und Schließen der Lüftungsschieber reguliert, sondern durch die Reglerknöpfe. Meistens stellt man während des Räucherns einen oder zwei der Hauptbrenner nach. Für das Räuchern bei sehr schwacher Hitze (unter 120 °C) alle Hauptbrenner ausstellen und die Hitze nur mit dem Brenner unter der Räucherbox regulieren.

Denken Sie daran, dass der Hauptteil des Rauchs sich um die Räucherbox sammelt. Je näher das Grillgut bei ihr liegt, desto mehr Räucheraroma nimmt es auf.

WENN IHR GRILL KEINE INTEGRIERTE RÄUCHERBOX HAT

6 Sollte Ihr Gasgrill keine integrierte Räucherbox haben, können Sie die Universal Räucherbox von Weber verwenden oder ein wenig improvisieren und die Box selbst herstellen. Dafür legen Sie in Wasser eingeweichte, abgetropfte Räucherchips in eine Einweg-Aluschale, verschließen die Schale mit Alufolie und stechen Löcher in die Folie, damit später der Rauch ausströmen kann. Die Schale stellen Sie dann direkt auf die Aromaschiene eines kalten Brenners, am besten in einer hinteren Ecke des Grillraums. Anschließend setzen Sie den Grillrost ein, schalten den Grill ein, stellen alle Brenner auf starke Hitze und schließen den Deckel. Sobald Rauch aufsteigt, beginnen Sie mit dem Räuchern und regulieren dabei nach Bedarf die Hitze. Mit dieser improvisierten Räucherbox können Sie allerdings keine Holz-Chips nachlegen.

Im Fachhandel gibt es Räucherboxen aus Metall, die direkt über einem Brenner oder zwischen die Brenner gestellt werden. Einige neuere Modelle kann man auch direkt auf dem heißen Grillrost platzieren. Aufgrund ihrer aufklappbaren Seiten kann man bei ihnen Räucherchips ganz einfach nachlegen.

1
2
3
4
5
6

MEHR GESCHMACK

Beim Räuchern sollten Sie stets daran denken, dass die Hauptzutat sozusagen der Leadsänger in einer Rockband ist. Jede andere Zutat, inklusive des Rauchs, sollte diese nur unterstützen. Es wäre eine Schande, einen von Natur aus wunderbaren, schön marmorierten Sparerib-Strang unter einer dicken Gewürzschicht zu ersticken oder in Sauce zu ertränken. Aber natürlich kann man den Geschmack fast jeder noch so köstlichen Hauptzutat mit ein paar klug gewählten Aromazutaten unterstützen – so wie der Bassist in einer Rockband der Musik satte Untertöne und Tiefe verleiht. Mit einer Würzmischung oder Marinade, durch das Einlegen in eine Pökellake oder mit einer Sauce können Sie einem Gericht eine landestypische oder auch Ihre ganz individuelle Note geben. Das Beherrschen eines ausgewogenen Zusammenspiels von Aromen und Rauch zeigt den wahren Meister.

WÜRZMISCHUNGEN

Hierfür werden gemahlene Gewürze, Kräuter und andere Würzmittel, manchmal auch Zucker, gemischt. Oft werden sie in das Fleisch eingerieben, aber es ist eher zu empfehlen, eine solche Mischung mit ein wenig Abstand über das Fleisch zu streuen und so für eine gleichmäßige Verteilung zu sorgen. Außerdem wird die Oberfläche des Fleisches durch das Einreiben aufgeraut, was nicht empfehlenswert ist. Am besten wirkt die Mischung, wenn sie etwas Salz enthält, denn es sorgt dafür, dass die Aromen – auch das Raucharoma – besser eindringen können.

MARINADEN

Feuchte Marinaden benötigen für ihre Wirkung etwas mehr Zeit als trockene Gewürzmischungen, sie dringen dafür aber auch tiefer ein. Oft machen die Säurezutaten einer Marinade wie Essig oder Zitrussaft das Fleisch schon im Vorfeld mürbe. Eine gewisse Menge Öl gehört ebenfalls in eine Marinade; Öl kann beim längeren Räuchern von einem Stück Fleisch, Fisch oder Gemüse, das etwas substanzlos ist, sehr hilfreich sein. Die Rauchbestandteile sind fett- und wasserlöslich, weshalb die Feuchtigkeit einer Marinade durchaus dazu beitragen kann, dass das marinierte Lebensmittel das Raucharoma besser annimmt.

PÖKELLAKEN

Im Prinzip sind Pökellaken nur die salzigen, intensiveren Geschwister einer Marinade, aber ihr hoher Salzgehalt lässt sie doch auf die Hauptzutat etwas anders wirken. Das Salz macht Fleisch zugänglich für die Aufnahme von Feuchtigkeit und Aromen. Durch langes Räuchern kann Fleisch austrocknen – dem kann man durch das vorherige Einlegen in eine Pökellake vorbeugen.

SAUCEN

Feurige Salsas, Grillsaucen, Glasuren, Pestos, würzig Eingelegtes, langsam eingekochte Chutneys, Würzbutter, dünne Saucen zum Bestreichen während des Grillens, feine Vinaigretten – man kann sie gar nicht alle aufzählen. Die Welt der Saucen ist so vielfältig – wie soll man da wissen, welche Saucen am besten zu Geräuchertem passen und wie man sie macht? Antworten auf diese wichtigen Fragen finden Sie auf den nächsten Seiten.

CHECKLISTE FÜRS SMOKEN: NOTWENDIGER VORRAT

Die Kunst des Kochens beginnt immer mit den Zutaten. Was Sie dann damit machen, ist die nächste Kunst. Sie beherrschen sicherlich erprobte Techniken, können Ihrem Gefühl vertrauen und bringen etwas Fantasie mit? Die Zutaten, die man beim Räuchern fürs Komponieren von Gewürzmischungen, Marinaden, Pökellaken und Saucen immer wieder braucht, finden Sie hier.

IN DER SPEISEKAMMER

Ahornsirup
Apfelessig
Apfelsaft
Bier
Branntweinessig
Dijon-Senf
Erfrischungsgetränke
Geflügel- und Rinderfond
Hoisin-Sauce
Honig
Kakaopulver
Ketchup
Meerrettich
Melasse
Olivenöl
Rapsöl
Raucharoma, flüssiges
Reisessig
Tabasco
Tomatenmark
Tomatensauce
Weißweinessig
Worcestersauce
Zucker (weiß und braun)

IM GEWÜRZREGAL

Cayennepfeffer
Chilipulver
Currypulver
Fenchelsamen
Fünf-Gewürze-Pulver
Gewürznelken
Ingwer
Knoblauchgranulat
Koriander
Kreuzkümmel
Kurkuma
Meersalz (verschiedene)
Muskatnuss
Paprikapulver, geräuchertes
Pfeffer (weiß und schwarz)
Piment
Selleriesamen
Senf (Körner und Pulver)
Sesamsamen
Zimt
Zwiebelgranulat

IM KRÄUTERTOPF

Dill
Estragon
Koriandergrün
Lorbeerblätter
Majoran
Oregano
Petersilie
Rosmarin
Salbei
Thymian

WÜRZMISCHUNGEN ZUBEREITEN

FEURIG SCHARF

gemahlene Chilischoten (reines Chilipulver)
Chilipulver (Gewürzmischung)
schwarzer Pfeffer
Cayennepfeffer
Chiliflocken

SÜSS UND SÜSSLICH

Zucker
brauner Zucker (hell oder dunkel)
gemahlener Zimt
Piment
chinesisches Fünf-Gewürze-Pulver
Gewürznelken
Muskatnuss

ERDIG-WARM

Kreuzkümmel
Paprikapulver
Korianderkörner
Selleriesamen

KRÄUTER

(getrocknet)

Thymian
Oregano
Petersilie
Rosmarin
Majoran
Fenchel
Lorbeer
Salbei
Dill
Basilikum

SCHARF

Knoblauchgranulat
Zwiebelgranulat
Senfpulver
gelbe Senfkörner
Kurkuma

SALZIG

grobes Meersalz
Salz
Räuchersalz

Die besten Würzmischungen bestechen durch eine Komplexität, die so fein aufeinander abgestimmt ist, dass kein Gewürz geschmacklich dominiert. Wenn Sie eine Würzmischung kreieren möchten, wählen Sie zunächst Gewürze aus mindestens zwei der abgebildeten sechs Gruppen aus. Die nebeneinander stehenden Gruppen ergänzen sich jeweils in ihren Aromen. So vertragen sich scharfe Gewürze wie Chilipulver oder Cayennepfeffer besonders gut mit süßlichen wie braunem Zucker oder Zimt. Genauso ergänzen sich Gewürze mit erdigem Geschmack und getrocknete Kräuter wunderbar; die Kräuter unterstreichen das Aroma von Gewürzen wie Kreuzkümmel und Paprika einerseits, machen es aber auch leichter. Um das scharfe Aroma von Gewürzen wie Knoblauch- oder Zwiebelgranulat zu mildern, etwas mehr Salz zur Mischung geben.

MEXIKANISCHE MOLE-WÜRZMISCHUNG

Passt zu Schwein, Rind & Lamm, Geflügel
ergibt: etwa 4 EL
2 EL Cayennepfeffer
2 TL Kakaopulver
2 TL brauner Zucker
1 TL grobes Meersalz
1 TL frisch gemahlener schwarzer Pfeffer

Alle Gewürze in einer Schale mischen.

FRANZÖSISCHE BRATENWÜRZE

Passt zu Rind & Lamm
ergibt: etwa 3½ EL
2 EL grob zerstoßene sehr dunkel geröstete Kaffeebohnen
2 TL grobes Meersalz
1 TL brauner Zucker
¾ TL frisch gemahlener schwarzer Pfeffer
½ TL Knoblauchgranulat

Alle Zutaten in einer Schale mischen.

PFEFFRIGES ZITRONENSALZ

Passt zu Geflügel, Fisch & Meeresfrüchten, Gemüse
ergibt: etwa 2 EL
Zubehör: Gewürzmühle
2 Bio-Zitronen
4 TL grobes Meersalz
2 TL frisch gemahlener schwarzer Pfeffer

1. Den Backofen auf 200 °C vorheizen. Von den Zitronen mit dem Sparschäler die Schale in dünnen Streifen abziehen. Die Schalenstreifen auf einem Backblech im Ofen in 40–45 Min. trocknen lassen; herausnehmen und auf einem Teller abkühlen lassen.

2. In der Gewürzmühle die Schalen fein mahlen. Mit Salz und Pfeffer mischen. Sofort verwenden oder luftdicht verschlossen bis zu 4 Wochen aufbewahren.

FÜNF-GEWÜRZE-MISCHUNG

Passt zu Schwein, Rind & Lamm, Geflügel
ergibt: etwa 2 EL
1 TL Knoblauchgranulat
1 TL Fünf-Gewürze-Pulver
1 TL frisch gemahlener Pfeffer
1 TL gemahlener Koriander
1 TL grobes Meersalz

Alle Zutaten in einer Schale mischen.

STEAK-GEWÜRZ

Passt zu Schwein, Rind & Lamm
ergibt: etwa 3 EL
Zubehör: Gewürzmühle
2 TL schwarze Pfefferkörner
2 TL gelbe Senfkörner
2 TL Paprikapulver
1 TL Knoblauchgranulat
1 TL grobes Meersalz
1 TL brauner Zucker
¼ TL Cayennepfeffer

Pfefferkörner und Senfkörner in der Gewürzmühle mahlen. Mit den restlichen Zutaten in einer kleinen Schale gründlich mischen.

SÜSS-SCHARFE WÜRZMISCHUNG

Passt zu Schwein, Rind & Lamm, Geflügel
ergibt: etwa 50 g
2 EL brauner Zucker
2 TL gemahlener Zimt
2 TL getrockneter Thymian
2 TL grobes Meersalz
2 TL frisch gemahlener Pfeffer
1 TL frisch geriebene Muskatnuss
½ TL gemahlener Piment
½ TL gemahlene Muskatblüte (Macis)

Alle Zutaten in einer Schale mischen.

ANCHO-CHILI-WÜRZE

Passt zu Schwein, Rind & Lamm, Geflügel
ergibt: etwa 100 g
3 EL grobes Meersalz
2 TL Cayennepfeffer
2 EL brauner Zucker
2 EL Knoblauchgranulat
1 EL gemahlener Kreuzkümmel
2 TL frisch gemahlener schwarzer Pfeffer

Alle Zutaten in einer Schale mischen.

PROVENCE-WÜRZMISCHUNG

Passt zu Geflügel, Fisch & Meeresfrüchten, Gemüse
ergibt: etwa 1½ EL
2 TL Kräuter der Provence
1 TL Selleriesamen
½ TL grobes Meersalz
¼ TL Knoblauchgranulat
¼ TL frisch gemahlener schwarzer Pfeffer

Alle Zutaten in einer Schale mischen.

EINWIRKDAUER VON WÜRZMISCHUNGEN

Zieht eine Würzmischung für längere Zeit ein, mischen sich die Gewürze mit der Flüssigkeit des Grillguts (z. B. Fleischsaft). Beim Grillen entstehen daraus besonders ausgeprägte Aromen und eine Kruste. Eine Würzmischung mit reichlich Salz und Zucker entzieht Grillgut jedoch mit der Zeit Flüssigkeit: Es wird zwar aromatischer, aber auch trockener. Hier einige allgemeine Richtlinien, wie lange eine Würzmischung einwirken sollte:

Einwirkdauer	Größe und Art des Grillguts
bis zu 15 Min.	Kleinteiliges Grillgut wie Meeresfrüchte, Fleischwürfel, Fleischbällchen und geschnittenes Gemüse
15–30 Min.	Dünne Fleischstücke ohne Knochen wie Hähnchenbrust, Fischfilets, Schweinefilet und Steaks
30–90 Min.	Dickere Fleischstücke mit oder ohne Knochen wie Lammkeule, ganze Hähnchen oder Rinderbraten
2–8 Std.	Große oder robustere Fleischstücke wie Spareribs, ganzer Schinken, Schweineschulter und ganzer Truthahn

MARINADEN ZUBEREITEN

SAURES

Essig
Zitrussäfte
Tomaten
Wein
Joghurt

ÖLE

Olivenöl
geröstetes Sesamöl
Rapsöl

AROMATISCHES

Kräuter (frisch und getrocknet)
Gewürze
Würzmittel
fein gewürfeltes Gemüse
Zitrusschalen

In Marinaden können Sie im Prinzip hineingeben, was Ihnen schmeckt. Bevor Sie jedoch loslegen und wahllos Zutaten zusammenmischen, möchte ich Ihnen ein paar Tipps geben. Beginnen Sie mit den Basics: Das bedeutet etwas Säure, eine gute Portion Öl und viele gute Geschmacksgeber. Wie bei einem Salatdressing ist das Verhältnis von Säure zu Öl der entscheidende Punkt: ein Teil Säure zu drei Teilen Öl ist optimal. Dann kommen die anderen Zutaten dazu. Die Säure macht das Grillgut zart, vor allem auf der Oberfläche, und steuert eine herbe Frische bei; das Öl gibt ihm Saftigkeit und Fülle. Und die anderen Zutaten? Nun, sie schmecken einfach gut.

Bereiten Sie eine säurehaltige Marinade in einem säurefesten Gefäß zu. Das kann eine Schale oder Schüssel aus Glas, Kunststoff, Edelstahl, Porzellan oder Keramik sein. Aluminium oder andere Metalle eignen sich nicht, sie reagieren mit Säure, wodurch ein metallischer Geschmack entsteht.

ESTRAGON-ZITRUS-MARINADE

Passt zu Geflügel, Fisch & Meeresfrüchten, Gemüse
ergibt: etwa 250 ml
60 ml Olivenöl
4 EL grob gehackter Estragon
Schale und Saft von 1 Bio-Orange
Schale und Saft von 1 Bio-Zitrone
2 EL Sherry-Essig
2 TL grobes Meersalz
1 TL zerdrückter Knoblauch
1 TL frisch geriebener Ingwer
½ TL Chilipulver (Gewürzmischung)
½ TL frisch gemahlener schwarzer Pfeffer

Alle Zutaten in einer Schale mischen.

ZITRONEN-MARINADE

Passt zu Geflügel, Fisch & Meeresfrüchten, Gemüse
ergibt: etwa 100 ml
60 ml Olivenöl
1 EL abgeriebene Schale von 1 Bio-Zitrone
3 EL Zitronensaft
1 EL zerdrückter Knoblauch
1 TL grobes Meersalz
½ TL getrockneter Thymian

Alle Zutaten in einer Schale mischen.

TANDOORI-MARINADE

Passt zu Geflügel, Fisch & Meeresfrüchten, Gemüse
ergibt: etwa 500 ml
300 g griechischer Sahnejoghurt
1 kleine Zwiebel, grob gewürfelt
2 EL frisch gehackter Ingwer
2 EL Zitronensaft
2 EL Madras-Currypulver
2 EL Paprikapulver
4 Knoblauchzehen, grob zerkleinert
2 TL grobes Meersalz
¼ TL Cayennepfeffer

In der Küchenmaschine alle Zutaten zu einer glatten Marinade verarbeiten.

WORCESTER-MARINADE

Passt zu Schwein, Rind & Lamm, Geflügel

ergibt: etwa 60 g

2 EL Olivenöl
2 EL Worcestersauce
2 TL frisch gemahlener schwarzer Pfeffer
2 TL Knoblauchgranulat | 1½ TL grobes Meersalz
1 TL geräuchertes Paprikapulver
1 TL gemahlener Kreuzkümmel | ½ TL gemahlener Zimt

Alle Zutaten in einer Schale mischen.

LAS-VEGAS-MARINADE

Passt zu Schwein, Rind & Lamm, Geflügel, Fisch & Meeresfrüchten

ergibt: etwa 250 ml

125 ml Orangensaft
3 EL Olivenöl | 2 EL Rotweinessig
1 EL zerdrückter Knoblauch
2 TL Cayennepfeffer | 1½ TL getrockneter Oregano
1 TL grobes Meersalz | ½ TL frisch gemahlener schwarzer Pfeffer
½ TL gemahlener Zimt

Alle Zutaten in einer Schale mischen.

KREOLISCHE SENF-MARINADE

Passt zu Schwein, Rind & Lamm, Geflügel, Fisch & Meeresfrüchten

ergibt: etwa 175 ml

3 EL kreolischer Senf (sehr scharfer Senf mit Chili)
3 EL Olivenöl | 3 EL Rotweinessig
2 TL Worcestersauce
2 TL zerdrückter Knoblauch
1 TL getrockneter Thymian
½ TL grobes Meersalz
½ TL frisch gemahlener schwarzer Pfeffer

Alle Zutaten in einer Schale mischen.

TERIYAKI-MARINADE

Passt zu Schwein, Rind & Lamm, Geflügel, Fisch & Meeresfrüchten, Gemüse

ergibt: etwa 375 ml

125 ml Ananassaft
125 ml Sojasauce
60 g brauner Zucker
2 EL feine Frühlingszwiebelringe (die dunkelgrünen Teile)
1 EL frischer geriebener Ingwer
2 TL zerdrückter Knoblauch

Alle Zutaten in einer Schüssel verrühren, bis der Zucker vollständig aufgelöst ist.

SÜSSE WHISKEY-MARINADE

Passt zu Schwein, Rind & Lamm

ergibt: etwa 500 ml

125 ml Bourbon-Whiskey | 100 g brauner Zucker
80 ml Sojasauce | 80 ml Zitronensaft
2 EL Worcestersauce
2 TL fein gewürfelter Knoblauch | 2 TL fein gehackter Thymian

Alle Zutaten in einer Schüssel mischen.

GRANATAPFEL-MARINADE

Passt zu Schwein, Geflügel

ergibt: etwa 375 ml

3 EL Granatapfelsirup (100%)
3 EL Aceto balsamico
2 EL fein gehackter Thymian
¾ TL grobes Meersalz | ½ TL Chiliflocken
250 ml Olivenöl

In einer Schale zuerst den Sirup mit Essig, Thymian, Salz und Chiliflocken verquirlen, dann langsam das Olivenöl darunterschlagen.

EINWIRKDAUER VON MARINADEN

Die angemessene Einwirkzeit einer Marinade hängt von deren Intensität und von der Art des Grillguts ab. Enthält die Marinade kräftige Zutaten wie Sojasauce, hochprozentigen Alkohol, Chilischoten oder andere scharfe Gewürze, sollte man nicht übertreiben. Ein Fischfilet sollte auch nach dem Marinieren noch nach Fisch schmecken. Darüber hinaus kann eine Marinade, wenn sie zu lange wirkt, zartes Fleisch oder feinen Fisch regelrecht zersetzen oder austrocknen. Hier einige allgemeine Richtlinien:

Marinierzeit	Größe und Art des Grillguts
15–30 Min.	Kleinteiliges Grillgut wie Meeresfrüchte, Fischfilets, Fleischwürfel für Spieße und zartes Gemüse
1–3 Std.	Dünne Fleischstücke ohne Knochen wie Hähnchenbrust, Schweinelende, Steaks und festeres Gemüse
2–6 Std.	Dickere Fleischstücke mit oder ohne Knochen wie Lammkeule, ganze Hähnchen oder Rinderbraten
6–12 Std.	Größere oder robustere Fleischstücke wie Spareribs, ganzer Schinken, Schweineschulter und ganzer Truthahn

PÖKELLAKEN ZUBEREITEN

SCHRITT 1

Zunächst mischt man das Salz unter die Flüssigkeit.

SCHRITT 2

Die kalte Flüssigkeit kräftig mit dem Salz verrühren, damit es sich auflöst, dann Kräuter und Gewürze nach Wahl dazugeben.

SCHRITT 3

Das Fleisch komplett in die Lake tauchen. Das Gefäß mit Frischhaltefolie verschließen und in den Kühlschrank stellen.

Das richtige Verhältnis von Salz zu Flüssigkeit ist bei einer Pökellake besonders wichtig. Zu viel Salz kann genauso wie zu wenig zu einem enttäuschenden Ergebnis führen. Deshalb sollte man die ersten Pökellaken mit 110–220 g grobem Meersalz auf jeweils 4 l Flüssigkeit ansetzen. Die Flüssigkeit unbedingt so lange rühren, bis sich das Salz aufgelöst hat. Bei dieser Konzentration bekommt das Fleisch ein ganz leichtes Pökelaroma. Beim Pökeln dringt das Salz aus der Lake in das Fleisch ein und verändert die Eiweißstruktur. Die Zellen können dann mehr Feuchtigkeit und Aromen aufnehmen. Die Natur strebt nach Ausgewogenheit, deshalb steigt der Salzgehalt im Fleisch an, bis er dem in der Pökellake entspricht. Wer mag, kann auch Zucker in die Lake geben – etwa genauso viel wie Salz. Zucker ergänzt sich gut mit Salz; außerdem karamellisiert er beim Grillen und sorgt für eine schöne Kruste. Zusätzlich gehören in eine Lake noch alle möglichen Geschmacksgeber, einschließlich Kräutern und Gewürzen.

Eine säurehaltige Pökellake in einem säurebeständigen Gefäß zubereiten. Das kann eine Schale oder Schüssel aus Glas, Kunststoff, Edelstahl, Porzellan oder Keramik sein. Aluminium oder andere Metalle reagieren mit der Säure, wodurch ein metallischer Geschmack entsteht.

Geeignete Fleischstücke sind große, magere Stücke, beispielsweise Schweinefilet bis hin zu ganzen Truthähnen, die man mehrere Stunden pökeln sollte. Aber auch kleinere Stücke, z. B. Schweinekoteletts, Hähnchenteile und Lachsfilets, werden saftiger und gewinnen an Geschmack, wenn sie 1–2 Stunden in Pökellake gelegen haben.

Das Pökelgut sollte immer von der Lake bedeckt sein; gegebenenfalls mit einem Teller oder Deckel beschweren. Das Gefäß dann mit Frischhaltefolie verschließen und in den Kühlschrank stellen.

ROSMARIN-LAKE

Passt zu Schwein, Rind & Lamm, Geflügel

ergibt: etwa 4 l

4 l Wasser
150 g grobes Meersalz | 100 g Zucker
2 EL getrocknete Rosmarinnadeln | 1 EL Kümmelsamen
1 EL Knoblauchgranulat | 2 TL frisch gemahlener schwarzer Pfeffer

Alle Zutaten in einem großen Gefäß mischen. Kräftig rühren, damit sich Zucker und Salz auflösen.

BUTTERMILCH-LAKE

Passt zu Geflügel

ergibt: etwa 750 ml

500 ml kalte Buttermilch | 250 ml Wasser
110 g grobes Meersalz | 1 EL körniger Senf
1 EL fein gehackter Estragon

Alle Zutaten in einer Schüssel verrühren, bis sich das Salz aufgelöst hat.

WÜRZIGE KNOBLAUCH-LAKE

Passt zu Schwein, Geflügel, Fisch & Meeresfrüchten

ergibt: etwa 1,5 l

1½ l kaltes Wasser
70 g grobes Meersalz | 50 g Zucker
2 Knoblauchzehen, fein gehackt
4 Pimentbeeren, zerstoßen | 4 Gewürznelken, zerstoßen
1 Lorbeerblatt, in 2 Stücke gebrochen | 1 TL getrockneter Majoran

In einer großen Schüssel das Wasser mit Salz und Zucker mischen und etwa 1 Min. rühren, bis beides sich aufgelöst hat. Die restlichen Zutaten dazugeben.

KRÄFTIGE CIDRE-LAKE

Passt zu Schwein, Geflügel
ergibt: etwa 500 ml
375 ml Apfel-Cidre
110 g grobes Meersalz
1 EL getrockneter Rosmarin | 1 EL getrockneter Salbei
1½ TL getrockneter Thymian | ½ TL schwarze Pfefferkörner

Alle Zutaten in einem Gefäß verrühren, bis sich das Salz aufgelöst hat.

WHISKEY-LAKE

Passt zu Schwein, Geflügel
ergibt: etwa 500 ml
125 ml Bourbon-Whiskey | 125 ml Wasser
50 g brauner Zucker | 2 EL grobes Meersalz
½ TL Chiliflocken
1 Tasse (250 ml) Eiswürfel

In einem Topf Whiskey, Wasser, Zucker, Salz und Chiliflocken bei mittlerer Hitze erwärmen und dabei verrühren, bis sich Zucker und Salz aufgelöst haben. Vom Herd nehmen und die Eiswürfel in die Lake geben, damit sie schnell abkühlt.

CHIPOTLE-LAKE

Passt zu Schwein, Geflügel
ergibt: etwa 1 l
1 l kaltes Wasser
50 g grobes Meersalz | 2 EL Zucker
1½ TL Cayennepfeffer
Schale von 1 Bio-Limette

Alle Zutaten in einer Schüssel verrühren, bis sich das Salz und der Zucker aufgelöst haben.

APFEL-LAKE

Passt zu Schwein, Geflügel
ergibt: etwa 2,25 l
2 l Apfelsaft
110 g grobes Meersalz | 125 ml Sojasauce
1 Stück (etwa 100 g) frischer Ingwer, geschält und in dünne Scheiben geschnitten
1 EL getrockneter Rosmarin | 1 TL schwarze Pfefferkörner
Schale von 2 Bio-Zitronen, in breite Streifen geschnitten
2 Lorbeerblätter

In einem säurebeständigen Gefäß 1 l Apfelsaft mit allen weiteren Zutaten mischen. Bei mittlerer Hitze unter gelegentlichem Rühren zum Köcheln bringen, dann den Topf in ein größeres, hitzebeständiges Gefäß mit Eiswasser stellen. Die Lake so in etwa 30 Min. abkühlen lassen, dabei häufig umrühren. Den restlichen Apfelsaft untermischen.

HONIG-KRÄUTER-LAKE

Passt zu Schwein, Geflügel
ergibt: etwa 2 l
2 l Wasser
110 g grobes Meersalz
150 g Honig
2 TL getrockneter Rosmarin
2 TL getrockneter Salbei
1½ TL getrockneter Majoran
1 TL schwarze Pfefferkörner
2 Lorbeerblätter

Alle Zutaten in einem Topf verrühren, bis sich das Salz aufgelöst hat.

BIER-LAKE

Passt zu Schwein, Rind & Lamm, Geflügel
ergibt: etwa 1,75 l
1 l helles Bier
110 g grobes Meersalz
100 g Zucker
750 ml Eiswasser

In einem Topf das Bier mit Salz und Zucker verrühren, bis sich beides aufgelöst hat. Das Eiswasser unterrühren, bis das Eis fast geschmolzen ist.

CRANBERRY-ORANGEN-LAKE

Passt zu Schwein, Rind & Lamm, Geflügel
ergibt: etwa 5 l
2 l Cranberrysaft
2 l Orangensaft
2 kleine Knollen Knoblauch, die Zehen ungeschält zerdrückt
220 g grobes Meersalz
35 g Chiliflocken
35 g Fenchelsamen
120 g frischer Ingwer, geschält und in dünne Scheiben geschnitten
6 Lorbeerblätter
4 Tassen Eiswürfel (etwa 1 l)

In einem großen Topf die Säfte mit Knoblauch, Salz, Chili, Fenchel, Ingwer und Lorbeer aufkochen und etwa 1 Min. kochen lassen; vom Herd nehmen. Eiswürfel dazugeben. Die Lake etwa 1 ½ Std. abkühlen lassen.

SAUCEN ZUBEREITEN

SÜSSES

Zucker
brauner Zucker
(hell oder dunkel)
Honig
Melasse
Ahornsirup
Hoisin-Sauce
Tomatenketchup
Fruchtsäfte
Erfrischungsgetränke

SAURES

Apfelessig
Rot-oder Weißweinessig
Aceto balsamico
Reisessig
frisch gepresster Zitronen- oder Limettensaft
Senf
Einlegeflüssigkeit von Sauerkonserven

WÜRZIGES

scharfe Saucen
frische oder getrocknete Chilischoten
schwarzer Pfeffer
Cayennepfeffer
Chiliflocken
Meerrettich

SALZIGES

Meersalz (grob oder fein)
Sojasauce
Fischsauce
Worcestersauce
Oliven
kleine Kapern
Sardellenfilets

Wenn Sie nur eine Möglichkeit hätten, einem Grillgericht eine ganz spezielle, persönliche Note zu geben, dann sollten Sie sich für eine Sauce entscheiden. Aber Vorsicht: Saucen können, ebenso wie Marinaden, eine wunderbare Spielwiese für kreative Köche sein, mit schier grenzenlosen Möglichkeiten, aber man kann sich dabei auch ganz schön verlaufen. Für den Anfang würde ich eine Barbecue-Sauce vorschlagen, in der Süßes, Saures, Würziges und Salziges schön ausgewogen sind. Am besten wählen Sie dazu aus jeder Kategorie links eine oder zwei Zutaten aus. Klassische Barbecue-Saucen basieren alle auf Tomatenketchup (durch ihn wird die Sauce süß und dicklich) und einer Essigsorte für die Säure. Zu dieser Basis kann man an Würzigem und Salzigem hinzufügen, worauf man Lust hat. Aber vergessen Sie dabei nicht das gewisse Etwas, das eine wirklich gelungene Sauce ausmacht. Das kann vieles sein, zum Beispiel:

DAS GEWISSE ETWAS

jedes nur erdenkliche Gewürz
Raucharoma, flüssiges
Spirituosen
Wein
Tomatensauce
Schmalz
Butter oder Olivenöl
Hühner- oder Fleischbrühe
Kaffee oder Espresso
und was Ihnen sonst noch so einfällt …

ROTWEINSAUCE

Passt zu Rind & Lamm
ergibt: etwa 200 ml
375 ml Rotwein
2 EL feine Schalottenwürfel
1 EL Tomatenmark
2 TL Aceto balsamico
½ TL Worcestersauce
3 EL Butter
grobes Meersalz
frisch gemahlener schwarzer Pfeffer

Den Wein mit den Schalottenwürfeln in einem kleinen Topf zum Kochen bringen und bei mittlerer Hitze in 15–20 Min. auf etwa ein Drittel einkochen lassen. Tomatenmark, Essig und Worcestersauce dazugeben. Den Topf vom Herd nehmen und die Butter esslöffelweise unter die Sauce schlagen. Mit Salz und Pfeffer würzen.

CREMIGE SENFSAUCE

Passt zu Schwein, Rind & Lamm
ergibt: etwa 200 ml
1 EL Butter
2 EL feine Schalottenwürfel
125 ml milde Fleischbrühe
150 g Crème fraîche
3 EL körniger Senf
grobes Meersalz

Die Butter in einer Kasserolle bei schwacher Hitze zerlassen. Die Schalottenwürfel darin unter Rühren glasig dünsten. Die Brühe dazugießen, bei starker Hitze aufkochen und auf die Hälfte einkochen lassen. Crème fraîche untermischen; die Flüssigkeit heiß werden, aber nicht kochen lassen; den Senf unterrühren. Die Sauce 3–5 Min. köcheln lassen, bis etwa 200 ml übrig sind und sie einen Löffelrücken überzieht. Mit Salz abschmecken.

TOMATEN-CHIMICHURRI-SAUCE

Passt zu Schwein, Rind & Lamm, Geflügel
ergibt: etwa 250 ml
40 g glatte Petersilie
125 ml Olivenöl
25 g Koriandergrün
100 g in Öl eingelegte getrocknete Tomaten, abgetropft
3 Knoblauchzehen
¾ TL Chiliflocken
grobes Meersalz
frisch gemahlener schwarzer Pfeffer

Alle Zutaten bis auf Salz und Pfeffer in der Küchenmaschine zu einer nicht zu glatten Sauce verarbeiten. Die Sauce mit Salz und Pfeffer würzen und in eine kleine Schale füllen.

HASELNUSS-PESTO MIT DREI KRÄUTERN

Passt zu Schwein, Rind & Lamm, Geflügel, Fisch & Meeresfrüchten, Gemüse
ergibt: etwa 400 ml
20 g Koriandergrün
20 g glatte Petersilie
10 g Oregano
30 g Haselnusskerne, geröstet, die Häute entfernt
60 ml Sherry-Essig
5 Knoblauchzehen, grob gewürfelt
½ TL Chiliflocken
175 ml Olivenöl
grobes Meersalz
frisch gemahlener schwarzer Pfeffer

Kräuter, Nüsse, Essig, Knoblauch und Chiliflocken in der Küchenmaschine pürieren. Bei laufendem Motor nach und nach das Öl dazulaufen lassen, bis eine dünnflüssige Paste entstanden ist. Das Pesto mit Salz und Pfeffer würzen.

ROTE CHILI-BARBECUE-SAUCE

Passt zu Schwein, Rind & Lamm, Geflügel
ergibt: etwa 500 ml
4 getrocknete Chilischoten (etwa 25 g)
2 EL Rapsöl
125 ml Ketchup
3 EL Sojasauce
2 EL Aceto balsamico
3 Knoblauchzehen, zerdrückt
1 TL gemahlener Kreuzkümmel
½ TL getrockneter Oregano
¼ TL grobes Meersalz
¼ TL frisch gemahlener schwarzer Pfeffer

Die Chilischoten putzen und in etwa 5 cm große Stücke schneiden, dabei so viele Kerne wie möglich entfernen. Das Öl in einer Pfanne erhitzen und die Chilistücke darin bei starker Hitze 2–3 Min. braten, bis sie sich aufblähen und verfärben; dabei einmal wenden. Das Öl mit den Chilis in eine kleine hitzebeständige Schüssel füllen, mit 250 ml heißem Wasser begießen und 30 Min. quellen lassen. Den gesamten Schüsselinhalt in die Küchenmaschine geben, alle restlichen Zutaten für die Sauce hinzufügen und das Ganze zu einer glatten Sauce pürieren.

10 TIPPS FÜRS SMOKEN

1 RECHTZEITIG BEGINNEN

Viele Aromen im Rauch sind fett- und wasserlöslich. Das bedeutet, dass Räucheraromen am besten von rohen Zutaten aufgenommen werden – egal um welche es sich dabei handelt. Mit zunehmender Räucherzeit wird das Gargut auf der Oberfläche trocken, und der Rauch kann das Lebensmittel nicht mehr so gut durchdringen.

2 LOW AND SLOW

Bei vielen Barbecue-Gerichten wird das Grillgut – mit Holzrauch – über schwacher indirekter Hitze ganz langsam gegart. So wird sogar sehniges Fleisch so mürbe und zart, dass man es kaum noch kauen muss. Aber auch Steaks, Garnelen oder Gemüse, die nur kurz über starker Hitze gegrillt werden, können von einem köstlichen Holzaroma durchaus profitieren!

3 MIT DER WASSERSCHALE DIE HITZE REGULIEREN

Wenn die Temperatur während des Smokens zu stark schwankt, kann das Räuchergut austrocknen und zäh werden. Bei Grillzeiten von mehr als 1 Stunde sollten Sie deshalb eine Wasserschale benutzen; sie stabilisiert die Hitze und sorgt für Feuchtigkeit. In einen Räuchergrill ist sie meist integriert; wenn Sie mit einem Holzkohle- oder Gasgrill arbeiten, können Sie sich mit einer großen Einweg-Aluschale, die immer wieder aufgefüllt werden muss, behelfen.

4 NICHT ÜBERTREIBEN

Anfänger machen oft den Fehler, zu viel Holz zu verwenden; sie legen nach und wieder nach, bis das Grillgut schließlich bitter schmeckt. Als Faustregel gilt: Geräuchert wird höchstens während der Hälfte der Gar- bzw. Grillzeit. Außerdem sollte der Rauch nur als sanfter Nebel das Grillgut umschmeicheln; dicke Schwaden sind unerwünscht.

5 DIE RAUCHFARBE BEACHTEN

Ist der Rauch klar und weißlich, kann er das Grillgut mit dem verführerischen Aroma glühenden Holzes veredeln. Schwärzlicher Rauch zeigt, dass der Grill nicht genug Sauerstoff bekommt oder dass das Holz zu feucht war; er kann das Grillgut verrußen. Harziges Weichholz, aber auch frisches Hartholz können ebenfalls mit rußigem Rauch verbrennen, also: Finger weg davon!

6 DIE LUFT IN BEWEGUNG HALTEN

Der obere Lüftungsschieber Ihres Grillgeräts sollten mindestens zur Hälfte geöffnet sein; bei einem Holzkohlegrill den Deckel so auflegen, dass der Lüftungsschieber den Kohlen gegenüber liegt. Der geöffnete Lüftungsschieber sorgt dafür, dass Rauch von Kohlen und Holz um das Grillgut zirkuliert und aus den oberen Lüftungsschlitzen strömt. Auch der untere Lüftungsschieber sollte geöffnet bleiben; nur wenn die Glut zu heiß wird, schließen Sie ihn so weit wie nötig.

7 DABEI BLEIBEN

Räuchern ist eine relativ unaufwendige Garmethode – trotzdem sollten Sie immer aufmerksam sein. Lassen Sie ein Feuer nie unbeaufsichtigt und prüfen Sie die Temperatur stündlich. Es kann ja durchaus nötig sein, dass Sie die Lüftungsschieber verstellen oder Kohle nachlegen müssen.

8 NEUGIER ZURÜCKHALTEN

Jedes Mal, wenn Sie den Deckel öffnen, gehen Hitze und Rauch verloren – und gerade diese beiden Faktoren sind ausschlaggebend dafür, dass das Essen gut wird. Öffnen Sie den Deckel wirklich nur, wenn Sie die Glut, die Wasserschale oder den Garzustand des Grillguts überprüfen müssen – am besten immer alles auf einmal und zügig. Während der übrigen Zeit die Neugier zügeln und den Deckel geschlossen lassen.

9 DIE KRUSTE DUNKEL WERDEN LASSEN

Grillfleisch soll eine dunkelbraune bis fast schwarze Kruste bekommen. Wenn Fett und Gewürze auf dem Fleisch brutzeln und der Rauch alles umschmeichelt, entsteht eine karamellisierte Kruste auf dem Fleisch, das innen dennoch schön saftig ist. Also: Bevor Sie das Fleisch vom Grill nehmen oder in Folie wickeln, vergewissern Sie sich, dass die Kruste schön dunkel ist – dann schmeckt sie himmlisch.

10 DEN STAR HERAUSSTELLEN

Die Hauptzutat ist so etwas wie der Leadsänger in einer Rockband. Weitere Geschmacksgeber sollten, wie die Band, im Hintergrund bleiben. Mit anderen Worten: Übertreiben Sie es nicht mit zu mächtigen Marinaden, zu vielen Gewürzen oder dicken Saucen. Wer es beherrscht, die Hauptzutat mithilfe von Aromazutaten richtig in Szene zu setzen, der ist der wahre Meister.

SCHWEIN

25 MIN.
Vorbereitungszeit
20–30 MIN.
Marinierzeit
8–10 MIN.
Grillzeit

CHILISCHARFE SCHWEINEKOTELETTS

MIT TOMATILLO-SALSA

Gerät: | **Rauchintensität:** ●●●

Für 4 Personen

FÜR DIE WÜRZMISCHUNG
2 TL Chilipulver (Gewürzmischung)
2 TL Knoblauchpulver
1 TL gemahlener Kreuzkümmel

grobes Meersalz
frisch gemahlener schwarzer Pfeffer

4 Schweinelendenkoteletts (je etwa 250 g, 2–3 cm dick), überschüssiges Fett entfernt
Olivenöl

4 Tomatillos (etwa 250 g), Hüllen entfernt, abgespült und halbiert
2 Scheiben von 1 weißen Zwiebel (je ½ cm dick)
1 große Jalapeño-Chilischote (etwa 40 g), längs halbiert und entkernt

25–30 g Koriandergrün, grob gehackt
½–1 TL brauner Zucker

2 Handvoll Mesquiteholz-Chips, mind. 30 Min. gewässert
gelochte Grillpfanne

TIPP

Die Jalapeño-Chilischote verleiht der Sauce einen besonderen Kick. Wenn die Sauce besonders scharf sein soll, verwenden Sie die Schote mit Kernen oder Sie nehmen sogar zwei Schoten.

1. In einer kleinen Schüssel die Zutaten für die Würzmischung mit 1 TL Salz und ½ TL Pfeffer mischen. Die Koteletts auf beiden Seiten dünn mit Öl bestreichen und gleichmäßig mit der Würzmischung bestreuen. Zudecken und bei Raumtemperatur 20–30 Min. ruhen lassen.

2. Eine Zwei-Zonen-Glut für mittlere Hitze (175–230 °C) vorbereiten (siehe Seite 20–21).

3. Tomatillos, Zwiebelscheiben und Chilischote dünn mit Öl bestreichen.

4. Den Grillrost mit der Bürste säubern. Die Holz-Chips abtropfen lassen und auf der Glut verteilen; den Grilldeckel schließen. Sobald Rauch entsteht, die Gemüse nebeneinander auf die Grillpfanne geben und die Koteletts auf den Grillrost legen. Über ***indirekter mittlerer Hitze*** bei geschlossenem Deckel 8–10 Min. grillen, dabei ein- bis zweimal wenden. Die Gemüse sollten dann gar und knusprig sein und die Koteletts im Kern noch leicht rosa. Alles vom Grill nehmen; die Koteletts 3–5 Min. ruhen lassen.

5. Tomatillos, Zwiebelscheiben und Chili in mundgerechte Stücke schneiden. In eine Schüssel geben, Koriandergrün und Zucker hinzufügen und alles gut mischen; salzen und pfeffern. Die Koteletts mit der Tomatillo-Salsa servieren.

15–20 MIN.
Vorbereitungszeit
MIND. 1 STD.
Marinierzeit
35–50 MIN.
Grillzeit

SCHWEINEKOTELETTS
MIT APRIKOSEN-INGWER-GLASUR

Gerät: | **Rauchintensität:** ●●●

Für 6–12 Personen

FÜR DIE WÜRZMISCHUNG
1 EL brauner Zucker
2 TL grobes Meersalz
1 TL Knoblauchpulver
1 TL gemahlener Koriander
1 TL Paprikapulver
½ TL Senfpulver
½ TL getrockneter Thymian
¼ TL Cayennepfeffer

6 Schweinekoteletts, doppelt dick geschnitten (je 250–350 g schwer und 2½ –3 cm dick), überschüssiges Fett entfernt

FÜR DIE GLASUR
1½ EL Öl
1½ EL frisch gehackter Ingwer
3 Knoblauchzehen, gehackt
320 g Aprikosenkonfitüre
3 EL Honig
1 Lorbeerblatt
1½ EL frisch gepresster Zitronensaft
¼ TL grobes Meersalz

2 große Handvoll Apfelholz-Chips, mind. 30 Min. gewässert

TIPP

Wer es gern etwas schärfer mag, rührt ein paar Teelöffel Chili-Knoblauch-Sauce unter die Glasur, bevor die Koteletts glasiert werden.

1. Die Zutaten für die Würzmischung in einer kleinen Schüssel vermengen. Die Schweinekoteletts damit auf beiden Seiten bestreuen und bei Raumtemperatur 1 Std. ruhen lassen (oder abgedeckt bis zu 12 Std. im Kühlschrank; vor dem Grillen in 30–45 Min. wieder Raumtemperatur annehmen lassen).

2. Inzwischen für die Glasur das Öl in einem kleinen Topf auf mittlerer Stufe erwärmen. Ingwer und Knoblauch darin unter häufigem Rühren in etwa 2–3 Min. weich dünsten. Konfitüre und Honig einrühren, das Lorbeerblatt dazugeben und alles unter gelegentlichem Rühren 4–5 Min. einköcheln lassen. Vom Herd nehmen, den Zitronensaft unterrühren und die Glasur salzen. Ein Drittel der Glasur abnehmen und zum Servieren beiseitestellen.

3. Eine Zwei-Zonen-Glut für schwache Hitze (120–150 °C) vorbereiten (siehe Seite 20–21). Den Grillrost mit der Bürste säubern.

4. Die Hälfte der Räucherchips abtropfen lassen und auf der Glut verteilen; den Grilldeckel schließen. Sobald die Chips zu rauchen beginnen, die Koteletts über ***indirekter schwacher Hitze*** bei geschlossenem Deckel 20 Min. grillen. Anschließend das Fleisch mit der Hälfte der Glasur bestreichen (die Koteletts müssen nicht gewendet werden); die restlichen Chips abtropfen lassen und auf die Glut geben. Das Fleisch bei geschlossenem Deckel weitere 10 Min. grillen. Dann die Koteletts mit der restlichen Glasur bestreichen und je nach Dicke bei geschlossenem Deckel weitergrillen, bis sie im Kern noch leicht rosa sind. Dünnere Koteletts benötigen dafür etwa 5–10 Min., dickere bis zu 20 Min. Vom Grill nehmen und vor dem Servieren 5–10 Min. ruhen lassen. Mit der übrigen Glasur servieren.

BRATWÜRSTE
MIT APFEL-CHILI-SAUERKRAUT

Gerät: | **Rauchintensität:** ●●●

20 MIN.
Vorbereitungszeit
ETWA 70 MIN.
Grillzeit

Für 8 Personen

FÜR DAS SAUERKRAUT
1 mittelgroße Zwiebel, in gut 1 cm dicke Scheiben geschnitten
1 große Jalapeño-Chilischote
2 TL plus 2 EL Olivenöl
1 großzügige Prise grobes Meersalz
4 kleine Knoblauchzehen, in sehr feine Scheiben geschnitten
500 g Sauerkraut
1 Apfel (vorzugsweise Golden Delicious), entkernt, in ½ cm große Würfel geschnitten
3 EL Apfelgelee

8 frische Bratwürste
2 EL Apfelgelee, geschmolzen

Brot zum Servieren (nach Belieben)

2 große Handvoll Hickoryholz-Chips, mind. 30 Min. gewässert

1. Eine Zwei-Zonen-Glut für mittlere Hitze (175–230 °C) vorbereiten (siehe Seite 20–21).

2. Den Grillrost mit der Bürste säubern. Zwiebelscheiben und Chilischote mit 2 TL Öl bestreichen und salzen. Die Zutaten über ***direkter mittlerer Hitze*** bei geschlossenem Deckel 8–10 Min. grillen, bis die Zwiebeln weich und schön markiert sind und die Haut der Chilischote Blasen wirft, dabei die Zutaten ein- bis zweimal wenden. Vom Grill nehmen und 5 Min. abkühlen lassen. Die Zwiebelscheiben grob würfeln, dabei sehr schwarze Stellen entfernen und wegwerfen; die Chilischote häuten, entkernen und fein hacken. Beiseitestellen.

3. In einer großen Pfanne 2 EL Öl auf mittlerer bis hoher Stufe erwärmen. Die Knoblauchscheiben darin in etwa 45 Sek. etwas Farbe annehmen lassen. Das Sauerkraut zufügen und unter gelegentlichem Rühren in 2–3 Min. durchwärmen. Gegrillte Zwiebel- und Chiliwürfel zugeben und 2–3 Min. leicht bräunen lassen. Dann die Apfelwürfel etwa 1 Min. mitgaren, bis die meiste Flüssigkeit verdampft ist. Die Pfanne vom Herd nehmen und das Apfelgelee unterrühren. Warm stellen.

4. Bei Bedarf mithilfe der Lüftungsschieber die Temperatur im Grill auf schwache bis mittlere Hitze (175–190 °C) absenken.

5. Von den Chips 1 Handvoll abtropfen lassen, auf der Glut verteilen und den Grilldeckel schließen. Sobald Rauch entsteht, die Bratwürste über ***indirekter schwacher bis mittlerer Hitze*** bei geschlossenem Deckel 45 Min. grillen. Nach 30 Min. Grillzeit die restlichen Chips abtropfen lassen und auf die Glut geben. Nach 45 Min. Grillzeit die Bratwürste mit dem flüssigen Apfelgelee bestreichen und die Würste etwa 15 Min. oder auch etwas länger weitergrillen, bis sie schön gebräunt und ein wenig knusprig sind. Bevor Sie die Würste vom Grill nehmen, gegebenenfalls mit übrigem Apfelgelee bestreichen. Mit Sauerkraut und nach Belieben mit Brot servieren.

3¾–4½ STD.
Vorbereitungszeit (inkl. Gefrier- und Kühlzeit)
35–40 MIN.
Grillzeit

SELBST GEMACHTE NÜRNBERGER

AUS DEM KIRSCHRAUCH MIT KIRSCH-MOSTARDA

Gerät: | **Rauchintensität:** ●●●

Für 8–10 Personen (ergibt 18–20 Würste)

FÜR DIE WÜRSTE
900 g magerer Schweinenacken
450 g ausgelöste Kalbsschulter
550 g Schweinespeck ohne Schwarte
5 TL grobes Meersalz
2 TL Zucker
2 TL getrockneter Majoran
1 TL gemahlener Kümmel
1 TL gemahlener weißer Pfeffer
¾ TL gemahlene Muskatblüte (Macis)
½ TL gemahlene Muskatnuss
½ TL gemahlener Piment

120–150 cm Naturdarm vom Schwein (die Würste sollen einen Durchmesser von 2½–3 cm haben), gründlich ausgespült, mind. 30 Min. in kaltem Wasser eingeweicht, anschließend nochmals gründlich ausgespült

FÜR DIE MOSTARDA
350 g entsteinte TK-Schwarzkirschen, grob gehackt
50 g entsteinte getrocknete Sauerkirschen, grob gehackt
80 ml trockener Rotwein
4 EL Zucker
3 EL fein gewürfelte Schalotten
3 EL Himbeeressig
2 EL Butter
1 EL Dijon-Senf
¼ TL Senfpulver

Fleischwolf mit Wursttülle
2 große Handvoll Kirschholz-Chips, mind. 30 Min. gewässert

1. Schweinefleisch, Kalbfleisch und Speck getrennt voneinander jeweils in 2½ cm große Würfel schneiden und in separaten Schüsseln 45 Min. im Gefrierfach fest werden lassen.

2. Nacheinander Schweinefleisch, Kalbfleisch und Speck durch die feine Scheibe des Fleischwolfs in eine große, vorgekühlte Schüssel drehen und die restlichen Wurstzutaten gleichmäßig untermischen. Die Schüssel abgedeckt 30 Min. in den Kühlschrank stellen.

3. Das Wurstbrät nach Herstelleranweisung in den vorbereiteten Naturdarm füllen; den Darm aber nicht zu stramm füllen, sonst kann er reißen. Einzelne Würste von 7 cm Länge abdrehen, dabei gegebenenfalls das Wurstbrät im Darm ein wenig zur Seite schieben, damit das Abdrehen einfacher geht. Die Wurstkette auf einen großen Teller oder ein Backblech legen und mind. 1 Std. kalt stellen. Anschließend die Würste an den abgedrehten Enden auseinanderschneiden (Sie können die Würste jetzt sofort zubereiten oder bis zu 3 Tage im Kühlschrank aufbewahren. Im Gefrierfach halten sie sich gut verpackt einige Monate).

4. Für die Mostarda die gesamten Kirschen mit Wein, Zucker, Schalotten, Essig und 80 ml Wasser in einem mittelgroßen Topf auf mittlerer bis hoher Stufe zum Kochen bringen, dann auf mittlerer bis kleiner Stufe zugedeckt etwa 5 Min. unter gelegentlichem Rühren köcheln lassen, bis die Kirschen weich werden. Den Deckel abnehmen und die Kirschmischung auf mittlerer Stufe 16–18 Min. einköcheln lassen, bis sie leicht angedickt ist. Vom Herd nehmen; Butter, Senf und Senfpulver so lange unterrühren, bis die Butter eingearbeitet ist. Auf Raumtemperatur abkühlen lassen.

5. Eine Zwei-Zonen-Glut für schwache bis mittlere Hitze (175–190 °C) vorbereiten (siehe Seite 20–21).

6. Den Grillrost mit der Bürste säubern. Von den Räucherchips die Hälfte abtropfen lassen, auf der Glut verteilen und den Deckel schließen. Sobald sie zu rauchen beginnen, die Würste über ***indirekter schwacher bis mittlerer Hitze*** bei geschlossenem Deckel 30 Min. räuchern. Danach die restlichen Chips auf die Glut geben, die Würste über ***direkte schwache bis mittlere Hitze*** legen und bei geschlossenem Deckel in 5–10 Min. rundum braun und ein wenig knusprig grillen. Mit der Mostarda servieren.

GERÄUCHERTER HACKBRATEN
MIT BACON

15 MIN.
Vorbereitungszeit
1¼–1½ STD.
Grillzeit

Gerät: | **Rauchintensität:** ●●●

Für 6–8 Personen

1 mittelgroße Zwiebel, fein gewürfelt
1 geröstete rote Paprikaschote (Glas), trockengetupft, entkernt und klein gewürfelt
50 g Semmelbrösel
2 Eier (Größe L), verquirlt
2 EL Worcestersauce
2 EL Barbecue-Sauce
2 Knoblauchzehen, fein gehackt
2 TL grobes Meersalz
½ TL frisch gemahlener schwarzer Pfeffer
½ TL scharfe rote Chilisauce (z.B. Tabasco)
450 g Schweinehackfleisch
450 g Rinderhackfleisch (15 % Fettanteil)

10 dicke Scheiben Bacon

3 EL Barbecue-Sauce, zum Glasieren

mit Backpapier beschichtete Alufolie (Back-Alufolie)
2 große Handvoll Hickory- oder Apfelholz-Chips, mind. 30 Min. gewässert
Fleischthermometer

1. Eine Zwei-Zonen-Glut für schwache Hitze (135–150 °C) vorbereiten (siehe Seite 20–21). Ein Backblech vollständig mit Back-Alufolie auskleiden. Wenn die Grilltemperatur 135 °C beträgt, 1 Handvoll Räucherchips abtropfen lassen und auf der Glut verteilen. Den Grill schließen.

2. In einer großen Schüssel Zwiebel, Paprika, Semmelbrösel, Eier, Worcester- und Barbecue-Sauce, Knoblauch, Salz und Pfeffer mischen. Das gesamte Hackfleisch in die Schüssel geben und die Zutaten behutsam, aber gründlich mit den Händen vermengen.

3. Die Fleischmasse teilen und auf dem Alufolien-Backblech zwei etwa 18 cm lange und 10 cm breite Hackbraten formen. Auf jeden Braten der Länge nach nebeneinander 3 Baconscheiben geben, dann 2 Scheiben kreuzweise darüberlegen.

4. Die Hackbraten auf dem Blech über ***indirekter schwacher Hitze*** bei geschlossenem Deckel 1¼–1½ Std. räuchern, bis das Fleischthermometer eine Kerntemperatur von 75 °C anzeigt. Nach 30 Min. Garzeit die übrigen Chips abtropfen lassen und auf die Glut geben. Nach der Hälfte der Garzeit das Blech um 90 Grad drehen. Während der letzten Minuten die Hackbraten mit der Barbecue-Sauce bestreichen. Das Blech vom Grill nehmen.

5. Mit einem breiten Grillwender die Braten vorsichtig vom Blech auf ein Küchengitter heben und 5 Min. abkühlen lassen. Auf einem großen Teller in Scheiben schneiden und heiß servieren.

SALSICCIA-PROVOLONE-SANDWICH

MIT BROKKOLI UND PAPRIKA

25 MIN. *Vorbereitungszeit*
53–70 MIN. *Grillzeit*

Gerät: | **Rauchintensität:** ●●●

Für 6 Personen

900 g scharfe rohe italienische Salsiccia-Würste
1 Brokkoli (etwa 450 g), in Röschen zerteilt
2 EL Olivenöl
2 rote Paprikaschoten (je 200–250 g), in 1 cm breite Streifen geschnitten
1 rote Zwiebel (etwa 300 g), in feine Scheiben geschnitten
8 Knoblauchzehen, fein gehackt
1½ EL Rotweinessig
¾ TL grobes Meersalz
6 lange (15 cm) knusprige Sandwich- oder Baguettebrötchen, auf-, aber nicht durchgeschnitten
12 Scheiben italienischer Provolone (220 g), halbiert

große gelochte Grillpfanne
2 große Handvoll Apfelholz-Chips, mind. 30 Min. gewässert

1. Eine Zwei-Zonen-Glut für schwache bis mittlere Hitze (175–190 °C) vorbereiten (siehe Seite 20–21).

2. Den Grillrost mit der Bürste säubern. 1 große Handvoll Chips abtropfen lassen, auf der Glut verteilen und den Deckel schließen. Sobald Rauch entsteht, die Würste über ***indirekter schwacher bis mittlerer Hitze*** bei geschlossenem Deckel 45–60 Min. grillen, dabei ab und zu wenden, bis sie gebräunt und knusprig sind. Nach 30 Min. Grillzeit die restlichen Chips auf die Glut geben. Würste vom Grill nehmen, 5 Min. ruhen lassen, dann in 3 cm dicke Scheiben schneiden.

3. Inzwischen reichlich Salzwasser in einem großen Topf aufkochen. Die Brokkoliröschen hineingeben, erneut aufkochen lassen und die Röschen 1 Min. blanchieren. Abgießen und sofort unter fließendem kaltem Wasser abbrausen, damit der Brokkoli seine leuchtend grüne Farbe behält. Die Brokkoliröschen abtropfen lassen; auf einem Schneidebrett in mundgerechte Stücke schneiden.

4. In einer großen Pfanne das Öl auf mittlerer bis hoher Stufe erwärmen. Paprika und Zwiebel darin 5–6 Min. dünsten, bis sie weicher sind, dabei hin und wieder umrühren. Den Knoblauch 2–3 Min. mitdünsten, bis er aromatisch duftet. Brokkoliröschen zufügen und 2 Min. unter Rühren heiß werden lassen. Das Gemüse mit Essig und Salz würzen und 1 Min. weitergaren, dann die Würste in die Pfanne geben und 2–3 Min. durchwärmen.

5. Die Brötchen mit der aufgeschnittenen Seite nach oben so auf die Grillpfanne legen, dass auf dem Grill kein Brötchen über direkter Hitze liegt. Die Brötchen gleichmäßig mit der Gemüse-Wurst-Mischung füllen und mit je 4 halben Käsescheiben belegen.

6. Die Grillpfanne über ***indirekte schwache bis mittlere Hitze*** legen, den Grilldeckel schließen und die Sandwiches 8–10 Min. grillen, bis die Füllung heiß und der Käse geschmolzen ist. Sofort servieren.

20 MIN.
Vorbereitungszeit
15–30 MIN.
Marinierzeit
30–40 MIN.
Grillzeit

GERÄUCHERTE SCHWEINEFILETS

MIT MANGO-CURRY-SAUCE

Gerät: | **Rauchintensität:** ●●●

Für 6–8 Personen

FÜR DIE WÜRZMISCHUNG
2 EL getrockneter Thymian
2 TL Currypulver
1 TL grobes Meersalz
½ TL frisch gemahlener schwarzer Pfeffer

2 Schweinefilets (je etwa 500 g)
Öl zum Einreiben

FÜR DIE SAUCE
2 Knoblauchzehen, geschält, grob gehackt
2 reife Mangos (etwa 700 g), geschält, Kern entfernt, grob gewürfelt
2 EL Limettensaft
¼ TL Currypulver
¼ TL geröstetes Sesamöl
¼ TL grobes Meersalz
¼ TL Tabasco

1 EL gehacktes Koriandergrün (nach Belieben)

1 naturbelassenes Räucherbrett aus Zedernholz (18 x 30 cm), mind. 2 Std. gewässert
mit Wasser gefüllte Sprühflasche
Fleischthermometer

TIPP

Grillen Sie die Filets auf dem Räucherbrett während der ersten 10 Min. über direkter Hitze, damit sich genug Rauch entwickelt. Anschließend das Brett mit dem Fleisch über indirekte Hitze legen, damit es nicht zu brennen beginnt.

1. Die Zutaten für die Würzmischung in einer kleinen Schüssel vermengen. Die Schweinefilets rundherum dünn mit Öl bestreichen, dann mit der Würzmischung bestreuen und bei Raumtemperatur 15–30 Min. ruhen lassen.

2. Den Grill für direkte und indirekte mittlere Hitze (175–230 °C) vorbereiten (siehe Seite 24–25).

3. Für die Sauce alle Zutaten im Mixer pürieren. Falls die Sauce zu dick ist, esslöffelweise Wasser hinzufügen, bis die gewünschte Konsistenz erreicht ist. Insgesamt sollen knapp 200 ml Sauce entstehen.

4. Den Grillrost mit der Bürste säubern. Das gewässerte Räucherbrett über ***direkte mittlere Hitze*** legen und den Grilldeckel schließen; nach 5–10 Min. bzw. sobald das Brett zu rauchen beginnt und schwarz wird, umdrehen. Die Filets auf das Brett legen und über ***direkter mittlerer Hitze*** bei geschlossenem Deckel 10 Min. grillen. (Falls das Brett Feuer fangen sollte, die Flammen mit Wasser aus der Sprühflasche löschen.) Anschließend das Brett mit dem Fleisch über ***indirekte mittlere Hitze*** legen und die Filets bei geschlossenem Deckel 15–20 Min. weitergrillen, bis die Kerntemperatur etwa 60 °C erreicht hat; die Filets dabei einmal wenden. Das Fleisch vom Grill nehmen und 3–5 Min. ruhen lassen.

5. Die Filets schräg in dicke Scheiben schneiden; nach Belieben mit Koriandergrün bestreuen und mit der Mangosauce servieren.

SALBEIWÜRZIGER SCHINKEN

MIT AHORN-GLASUR

Gerät: | **Rauchintensität:** ●●●

20 MIN.
Vorbereitungszeit
ETWA 5½ STD.
Grillzeit

Für 14 Personen

FÜR DIE WÜRZMISCHUNG
2 EL grob gehackte Salbeiblätter
1 EL grobes Meersalz
1 TL frisch gemahlener schwarzer Pfeffer

½ frischer Schinken (etwa 4½ kg; vorzugsweise aus der Unterschale), Schwarte und Fett bis auf eine dünne Schicht entfernt
1 EL Öl

4 Zweige Salbei

125 ml Ahornsirup (vorzugsweise dunkler; Grade B)

große Einweg-Aluschale
festes Küchengarn
5 Handvoll Apfelholz-Chips (4 Handvoll mind. 30 Min. gewässert; 1 Handvoll bleibt trocken)
Fleischthermometer

TIPP

In Nordamerika wird Ahornsirup in »Grades« eingeteilt. Grade A oder 1 ist bernsteinfarben und mild im Geschmack und hat verschiedene Untergraduierungen; er passt zu Pfannkuchen und Waffeln. Grade B oder 2 ist dunkler, dickflüssiger und schmeckt intensiver; er eignet sich eher zum Kochen, Grillen und Räuchern.

1. Für die Würzmischung die grob gehackten Salbeiblätter mit Salz und Pfeffer ganz fein hacken. Die Mischung in eine kleine Schüssel geben.

2. Die Fettschicht des Schinkens mit einem dünnen scharfen Messer rautenförmig im Abstand von 2–3 cm einritzen. Den Schinken ein paarmal quer mit Küchengarn umwickeln, damit er während des Grillens seine Form behält. Anschließend mit Öl bestreichen und kräftig mit der Würzmischung einreiben. Den gewürzten Schinken bei Raumtemperatur 15–30 Min. durchziehen lassen.

3. Die Aluschale unter den Grillrost stellen. Den Gasgrill für indirekte schwache Hitze (120–175 °C) vorbereiten (siehe Seite 24–25). Trockene Holz-Chips in die Räucherbox geben (Herstellerangaben beachten) und sich entzünden und schwelen lassen.

4. Den Grillrost mit der Bürste säubern. 1 Handvoll eingeweichte und abgetropfte Holz-Chips zu den schwelenden Chips in die Räucherbox geben. Den Schinken auf den Rost über die Aluschale legen und bei geschlossenem Deckel über ***indirekter schwacher Hitze*** etwa 4 Std. grillen. Die Grilltemperatur sollte dabei immer um die 160 °C betragen. Nach der 2. und 3. Std. Grillzeit jeweils 1 weitere Handvoll abgetropfte Chips in die Räucherbox geben.

5. Nach 4 Std. Grillzeit 2 Zweige Salbei und die letzte Handvoll abgetropfte Holz-Chips in die Räucherbox geben. Den Schinken mit der Hälfte des Ahornsirups bestreichen. Den Grilldeckel schließen und den Schinken über ***indirekter schwacher Hitze*** weitere 30 Min. grillen.

6. Den Schinken mit dem übrigen Ahornsirup bestreichen und die restlichen Salbeizweige in die Räucherbox legen. Noch etwa 1 Std. weitergrillen, bis das Fleischthermometer (in die Mitte des Schinkens stecken) 70 °C anzeigt. Während der letzten 15 Min. die Temperatur auf mittlere Hitze (175 bis 230 °C) erhöhen, damit die Glasur eine schöne, intensive Farbe bekommt. Den Schinken vom Grill nehmen und auf einem Brett 15 Min. ruhen lassen. In Scheiben schneiden und warm servieren.

SPARERIBS AUS DEM HICKORYRAUCH

MIT APFEL-BARBECUE-SAUCE

45 MIN.
Vorbereitungszeit
4¾–6 STD.
Grillzeit

Gerät: | **Rauchintensität:** ●●●

Für 8 Personen

FÜR DIE WÜRZMISCHUNG
2½ EL grobes Meersalz
2 EL Chilipulver (vorzugsweise Ancho-Chilipulver)
2 EL brauner Zucker
2 EL Knoblauchgranulat
1 EL gemahlener Kreuzkümmel
2 TL frisch gemahlener schwarzer Pfeffer

4 grillfertige Spareribs (Schälrippchen; je 1¼–1½ kg)

ZUM BESPRÜHEN
175 ml Apfelsaft
60 ml Apfelessig

FÜR DIE SAUCE
500 ml Ketchup
125 ml Apfelsaft
60 ml Apfelessig
50 g Senf
2 EL Melasse (Reformhaus)
2 EL Worcestersauce
1 TL Knoblauchgranulat
¼ TL Chilipulver (vorzugsweise Chipotle-Chilipulver)

kleine Sprühflasche
5 faustgroße Hickoryholz-Chunks
extrastarke Alufolie

TIPP

Bitten Sie Ihren Metzger darum, die Spareribs grillfertig vorzubereiten. Die Schwarte dabei jedoch nicht abschneiden lassen – sie bildet nach dem Grillen eine knusprige, würzige Kruste. Die Ribs erst in Folie wickeln (Schritt 6), wenn die Schwarte schön braun ist.

1. Den Räuchergrill für indirekte sehr schwache Hitze (110–120 °C) vorbereiten (siehe Seite 22–23).

2. In einer Schüssel die Zutaten für die Würzmischung vermengen. Die Spareribs rundherum damit einreiben; dabei auf der Fleischseite mehr Würzmischung verwenden als auf der Knochenseite.

3. Den Apfelsaft und den Apfelessig zum Besprühen in der Sprühflasche mischen.

4. Den Grillrost mit der Bürste säubern. 2 Chunks auf die Glut legen. Die Spareribs mit den Knochenseiten nach unten über ***indirekter sehr schwacher Hitze*** bei geschlossenem Deckel 4–5 Std. grillen; nach jeder Stunde glühende Holzkohlebriketts nachlegen, um die Hitze aufrechtzuerhalten, außerdem je 1 Holzstück dazugeben und die Ribs rundherum mit der Saft-Essig-Mischung besprühen. Zum Ende der Garzeit sollte etwa 1 cm von den Knochenenden sichtbar sein.

5. Inzwischen alle Zutaten für die Sauce in einem Topf mischen, aufkochen und bei schwacher Hitze 15–20 Min. köcheln lassen, dabei häufig umrühren.

6. Die gegarten Spareribs vom Grill nehmen; rundherum mit der Sauce bestreichen und in extrastarke Alufolie wickeln. Die Folienpäckchen im Räuchergrill auf den oberen Rost legen und die Spareribs über ***indirekter sehr schwacher Hitze*** bei geschlossenem Deckel 45–60 Min. weitergrillen, bis sich das Fleisch leicht von den Knochen lösen lässt.

7. Die Spareribs vom Grill nehmen. Nochmals rundherum mit Sauce bestreichen und dann in einzelne Stücke schneiden. Warm mit der restlichen Sauce servieren.

30 MIN.
Vorbereitungszeit
8–10 STD.
Grillzeit
1 STD.
Ruhezeit

PULLED-PORK-SANDWICHES

Gerät: | **Rauchintensität:** ●●●

Für 12 Personen

1 Schweinebraten mit Knochen (Schulter; 2–2½ kg)

FÜR DIE WÜRZSAUCE
125 ml Apfelsaft
2 EL grobes Meersalz
1 EL brauner Zucker
1 EL Worcestersauce

FÜR DIE WÜRZMISCHUNG
1 EL brauner Zucker
2 TL grobes Meersalz
2 TL Paprikapulver
1 TL Chilipulver (Gewürzmischung)
1 TL Knoblauchgranulat
1 TL Senfpulver
1 TL frisch gemahlener schwarzer Pfeffer

FÜR DIE SAUCE
375 ml Ketchup
175 ml Apfelsaft
175 ml Apfelessig
3 EL brauner Zucker
3 EL Tomatenmark
1½ EL Melasse
1 EL Worcestersauce
1½ TL Senfpulver
¾ TL Tabasco
¾ TL grobes Meersalz
½ TL frisch gemahlener schwarzer Pfeffer

12 Hamburger-Brötchen, aufgeschnitten
600 g Farmersalat (Fertigprodukt)

Spritze
10 Hickoryholz-Chunks
Fleischthermometer

1. Mit einem sehr scharfen Messer vom Braten so viel Fett abschneiden, dass die Fettschicht nur noch knapp 1 cm dick ist. In einer kleinen Schüssel die Zutaten für die Würzsauce mit 125 ml Wasser verrühren, bis Salz und Zucker aufgelöst sind. Dann den Braten mit dieser Sauce »impfen«: Das Fleisch auf die Fettseite legen und imaginär in 2 cm große Quadrate einteilen. Die Flüssigkeit in die Spritze füllen und in jedes gedachte Quadrat etwas davon spritzen. Während des Injizierens die Nadel dabei aus dem Fleisch ziehen. Auch wenn beim Spritzen Flüssigkeit danebengeht, sollte doch möglichst viel davon in das Fleisch gelangen.

2. Die Zutaten für die Würzmischung in einer kleinen Schüssel vermengen. Den Braten damit rundum bestreuen und bei Raumtemperatur 30 Min. ruhen lassen.

3. Den Räuchergrill für indirekte sehr schwache Hitze (95–120 °C) vorbereiten (siehe Seite 22–23).

4. Von den Chunks zwei auf die Glut legen. Den Braten auf der Fleischseite über ***indirekter sehr schwacher Hitze*** bei geschlossenem Deckel 5 Std. grillen, dabei die Lüftungsschieber so einstellen, dass die Temperatur die gesamte Grillzeit etwa 120 °C beträgt. Nach jeder Stunde 2 Chunks auf die Glut legen. Falls die Temperatur unter 115 °C sinken sollte und durch das Öffnen der Lüftungsschlitze nicht wieder ansteigt, glühende Holzkohlebriketts nachlegen.

5. Nach 5 Std. die Kerntemperatur an der dicksten Stelle des Bratens prüfen: Falls sie noch nicht 70 °C erreicht hat, den Braten weitergrillen; andernfalls vom Grill nehmen. Den Räuchergrill wieder schließen, damit keine Hitze verloren geht. Weitere glühende Briketts auf die Glut legen und die Wasserschale auffüllen, um die Temperatur konstant bei 120 °C zu halten.

6. Zwei Stücke extrastarke Alufolie (jedes etwa 90 cm lang) so auslegen, dass die Längsseiten leicht überlappen. Den Braten mit der Fleischseite nach unten auf die Mitte der Folie legen und fest einwickeln, damit kein Dampf entweicht. Erneut in den Räuchergrill über ***indirekte sehr schwache Hitze*** legen und bei geschlossenem Deckel 3–5 Std. weitergrillen, bis die Kerntemperatur etwa 85 °C beträgt. Vom Grill nehmen; in der Folie 1 Std. nachziehen lassen.

7. In einem Topf die Zutaten für die Sauce aufkochen und bei mittlerer Hitze etwa 5 Min. unter gelegentlichem Rühren köcheln lassen. Beiseitestellen.

8. Das Fleisch aus der Folie wickeln, etwas abkühlen lassen und zerkleinern. Dabei sichtbares Fett und Sehnen entfernen. Das Fleisch in einem Topf mit so viel Sauce mischen, wie Sie möchten, und die Sauce bei schwacher Hitze unter gelegentlichem Rühren erwärmen. Die Fleischstücke auf die unteren Hälften der Brötchen verteilen; mit Farmersalat und den oberen Brötchenhälften bedecken. Die restliche Sauce dazu servieren. Dazu passt Süßsaurer Kohl-Gemüse-Salat (siehe Seite 212).

TIPP

Hier ist Geduld gefragt, denn eine Schweineschulter braucht Zeit, bis sie schön zart ist. Am besten lässt sich der Garzustand mit dem Fleischthermometer prüfen: Beträgt die Kerntemperatur etwa 90 °C, ist das Fleisch so zart, dass man es mit den Fingern oder einer Gabel zerteilen kann. Das Ergebnis ist jede einzelne Minute wert.

20 MIN.
Vorbereitungszeit
4–5 STD.
Pökelzeit
3½–4 STD.
Grillzeit

GEPÖKELTER KOTELETTBRATEN

MIT CRANBERRY-SAUCE

Gerät: | **Rauchintensität:** ●●●

Für 8 Personen

FÜR DIE PÖKELLAKE
2 Bio-Zitronen
2 l Apfelsaft
75 g grobes Meersalz
125 ml Sojasauce
1 Stück Ingwer (etwa 90 g), geschält und in dünne Scheiben geschnitten
1 EL getrockneter Rosmarin
1 TL schwarze Pfefferkörner
2 Lorbeerblätter

1 Kotelettbraten (Lende; etwa 2 kg)

6 Apfel- oder Hickoryholz-Chunks

FÜR DIE SAUCE
350 g frische oder getrocknete Cranberrys
200 g Honig
125 ml Apfel- oder Orangensaft
1 grünschaliger Apfel (vorzugsweise Granny Smith), in 1 cm dicke Würfel geschnitten
3 EL Calvados

TIPP

Zum Pökeln des Fleisches benötigen Sie eine Schüssel, die so groß ist, dass Pökellake und Fleisch zusammen hineinpassen, wobei das Fleisch vollständig von der Flüssigkeit bedeckt sein muss.

1. Für die Pökellake die Zitronen heiß abspülen und trocken reiben, dann mit einem Sparschäler dünn schälen. 1 l Apfelsaft mit den Zitronenschalen, dem Salz, der Sojasauce, den Ingwerscheiben, dem Rosmarin, dem Pfeffer und den Lorbeerblättern in einen säurebeständigen Topf geben. Unter gelegentlichem Rühren zum Köcheln bringen. Anschließend die Pökellake in ein große hitzebeständige Schüssel füllen und die Schüssel auf Eiswasser stellen. Die Lake in etwa 30 Min. abkühlen lassen, dabei öfter umrühren. Den restlichen Apfelsaft dazugießen.

2. Den Kotelettbraten in die Pökellake legen und zugedeckt für 4–5 Std. in den Kühlschrank stellen. Nach dem Pökeln den Braten herausnehmen, unter kaltem Wasser abspülen und mit Küchenpapier trockentupfen. Das Fleisch bei Raumtemperatur etwa 30 Min. ruhen lassen.

3. Den Räuchergrill für indirekte sehr schwache Hitze (95–120 °C) vorbereiten (siehe Seite 22–23).

4. Den Grillrost mit der Bürste säubern. 3 Chunks auf die Glut legen. Den Braten über ***indirekter sehr schwacher Hitze*** bei geschlossenem Deckel 3½–4 Std. grillen, bis die Kerntemperatur etwa 65 °C beträgt. Dabei nach 1 Std. Grillzeit die übrigen Chunks auf die Glut legen; falls nötig, glühende Briketts nachlegen, um die Temperatur konstant zu halten. Den fertigen Braten vom Grill nehmen und etwa 10 Min. ruhen lassen. Währenddessen die Sauce zubereiten.

5. Für die Sauce in einem Topf die Cranberrys mit dem Honig und Saft aufkochen; bei mittlerer Hitze in etwa 7 Min. unter häufigem Rühren sirupartig einkochen lassen. Apfelwürfel und Calvados zufügen; alles etwa 5 Min. weiterkochen lassen, dabei immer wieder umrühren. Die Sauce schmeckt heiß oder lauwarm (beim Abkühlen wird sie dick).

6. Den Braten zwischen den Rippen in Scheiben schneiden und warm mit der Cranberry-Sauce servieren.

20 MIN.
Vorbereitungszeit
30 MIN.
Marinierzeit
1¼–1½ STD.
Grillzeit

ROSMARIN-KASSELER

MIT SAHNE-SAUERKRAUT

Gerät: | **Rauchintensität:** ●●●

Für 4–6 Personen

FÜR DIE MARINADE
3 EL Olivenöl
2 EL Weißwein
2 EL gehackter Rosmarin
1 EL gehackter Thymian
1 TL grobes Meersalz
½ TL frisch gemahlener schwarzer Pfeffer

1 Kotelettbraten (Lende; etwa 1½ kg)

4 Handvoll Hickory- oder Eichenholz-Chips, mind. 30 Min. gewässert

FÜR DAS SAUERKRAUT
2 Scheiben durchwachsener Speck, fein gewürfelt
1 Zwiebel, fein gewürfelt
500 g Sauerkraut
250 ml Hühnerbrühe
125 ml trockener Weißwein
80 g Sahne
grobes Meersalz
frisch gemahlener schwarzer Pfeffer
frisch geriebene Muskatnuss

Fleischthermometer

TIPP

Kaufen Sie einen Kotelettbraten mit mindestens vier Rippenknochen, um daraus die entsprechende Anzahl an Scheiben schneiden zu können.

1. Die Zutaten für die Marinade in einer Schüssel mischen. Den Kotelettbraten mit der Hälfte der Marinade bestreichen; restliche Marinade beiseitestellen. Das Fleisch bei Raumtemperatur etwa 30 Min. marinieren.

2. Den Grill für indirekte mittlere Hitze (175–230 °C) vorbereiten (siehe Seite 24–25).

3. Den Grillrost mit der Bürste säubern. 2 Handvoll Holz-Chips abtropfen lassen und in die Räucherbox des Gasgrills legen (Herstellerangaben beachten). Den Grill schließen. Sobald Rauch aufsteigt, den Braten mit den Knochen nach unten über ***indirekter mittlerer Hitze*** bei geschlossenem Deckel 30 Min. grillen. Die Temperatur im Grill sollte dabei konstant um 175 °C betragen.

4. Anschließend den Braten mit der restlichen Marinade bestreichen. Die übrigen Holz-Chips abtropfen lassen und in die Räucherbox geben. Den Braten bei geschlossenem Grilldeckel 45–60 Min. weitergrillen, bis die Kerntemperatur bei 65 °C liegt.

5. Währenddessen das Sauerkraut zubereiten. Die Speckwürfel in einem Topf auf dem Herd bei mittlerer Hitze 4 bis 6 Min. unter gelegentlichem Rühren auslassen. Den Speck aus dem Topf nehmen und die Zwiebel im Speckfett in 4 bis 6 Min. glasig dünsten. Sauerkraut, Brühe, Wein und Sahne einrühren. Das Sauerkraut mit Salz, Pfeffer und Muskatnuss würzen. 15–20 Min. köcheln und so viel Flüssigkeit verdampfen lassen, bis das Kraut die gewünschte Konsistenz hat. Den Topf vom Herd nehmen und den Speck unter das Kraut mischen.

6. Das fertige Kasseler auf ein Schneidebrett legen und 10–15 Min. ruhen lassen. Das Sauerkraut noch einmal erwärmen. Das Kasseler zwischen den Rippen in Scheiben schneiden. Mit dem Sauerkraut und nach Belieben mit neuen Kartoffeln servieren.

GEPÖKELTE SCHWEINSHAXEN

MIT SCHARFEM SENF

Gerät: | **Rauchintensität:** ●●●

Für 8 Personen

FÜR DIE PÖKELLAKE
200 g grobes Meersalz
150 g Zucker
5 EL Melasse (Reformhaus)
3 EL schwarze Pfefferkörner
5 Lorbeerblätter
1½ l helles Bier
1 l Eiswürfel

8 Schweinshaxen (je etwa 700 g), Schwarte entfernt (bitten Sie Ihren Metzger darum)

scharfer Senf zum Servieren

6 faustgroße Hickoryholz-Chunks
Fleischthermometer

1. In einen großen Topf 750 ml Wasser gießen. Salz, Zucker, Melasse, Pfefferkörner und Lorbeerblätter ins Wasser geben und auf dem Herd auf hoher Stufe verrühren, bis Salz und Zucker aufgelöst sind. Vom Herd nehmen. Das Bier und die Eiswürfel einrühren. Die Lake sollte nach dem Schmelzen der Eiswürfel raumtemperiert oder kälter sein, andernfalls müssen Sie sie weiter abkühlen lassen.

2. Bei Bedarf die Schwarte der Haxen entfernen. Dafür mit der Spitze eines scharfen dünnen Messers (ein Filetiermesser eignet sich gut) an einer schmalen Seite unter die Schwarte einer Haxe fahren, die Schwarte anheben und lockern, dann so einschneiden, dass Sie sie wie einen »Griff« fassen können. Die Schwarte rundherum von der Haxe abziehen und sie dabei mit dem scharfen Messer am darunterliegenden Fett entlang abschneiden, bis Sie sie in einem Stück abnehmen können. Die übrigen Haxen genauso vorbereiten. Zum Pökeln die Haxen in ein entsprechend großes Gefäß geben, sodass jede Haxe vollständig von Lake bedeckt ist. Im Kühlschrank 8–12 Std. pökeln.

3. Haxen aus der Lake nehmen (die Lake weggießen) und 30 Min. bei Raumtemperatur ruhen lassen.

4. Den Räuchergrill für indirekte sehr schwache Hitze (110–120 °C) vorbereiten (siehe Seite 22–23). Den Grillrost mit der Bürste säubern. 3 Chunks auf die Glut geben und den Grilldeckel schließen. Sobald Rauch entsteht, die Schweinshaxen über ***indirekter sehr schwacher Hitze*** bei geschlossenem Deckel 4½–5 Std. grillen, dabei mithilfe der Lüftungsschieber die Temperatur im Grill möglichst konstant bei 110 °C halten. Nach 1 Std. 3 weitere Chunks auf die Glut geben. Sollte die Temperatur unter 110 °C fallen und sich nicht mehr mithilfe der Lüftungsschieber erhöhen lassen, glühende Briketts nachlegen.

5. Nach 4½ Std. die Kerntemperatur der Haxen mit dem Fleischthermometer prüfen und das Fleisch gegebenenfalls etwa 30 Min. weitergrillen, bis das Thermometer an der dicksten Stelle einer Haxe (dabei nicht den Knochen berühren) 90–93 °C anzeigt.

6. Die fertigen Haxen vom Grill nehmen und 10 Min. ruhen lassen. Warm servieren und dazu Senf reichen.

RIND & LAMM

GERÄUCHERTE CHEESEBURGER

MIT WARMER CHILI-SALSA

20 MIN.
Vorbereitungszeit
20–22 MIN.
Grillzeit

Gerät: | **Rauchintensität:** ●●●

Für 4 Personen

700 g Rinderhackfleisch
2 TL gemahlener Kreuzkümmel
½ TL frisch gemahlener schwarzer Pfeffer
grobes Meersalz

FÜR DIE SALSA
2 EL Olivenöl
1 kleine rote Zwiebel, fein gewürfelt
1 Knoblauchzehe, gehackt
4 Eiertomaten, längs halbiert
3 EL fein gehacktes Koriandergrün
1 Chipotle-Schote in Adobo-Sauce (getrocknete, geräucherte Jalapeño-Chili aus der Dose), fein gehackt
1 EL Limettensaft

4 Scheiben geräucherter Cheddar oder Gouda (je etwa 30 g)
4 Hamburger-Brötchen

2 große Handvoll Mesquiteholz-Chips, mind. 30 Min. gewässert
große Einweg-Aluschale

TIPP

Soll die Salsa schärfer werden, einfach noch etwas Adobo-Sauce aus der Dose dazugeben.

1. In einer großen Schüssel das Hackfleisch mit Kreuzkümmel, Pfeffer und 1½ TL Salz mischen. Die Masse in vier gleich große Portionen teilen; jede Portion zu einem etwa 2 cm dicken Patty formen. In jedes Patty mit dem Daumen oder einem Löffelrücken mittig eine Mulde drücken – so garen die Pattys gleichmäßig und wölben sich nicht auf dem Grill. Zudecken und in den Kühlschrank stellen.

2. Eine Zwei-Zonen-Glut für starke Hitze (230–290 °C) vorbereiten (siehe Seite 20–21).

3. Für die Salsa in einer Pfanne 1 EL Öl erwärmen. Zwiebel und Knoblauch darin bei mittlerer Hitze unter Rühren in etwa 3 Min. glasig dünsten, dann in eine Schüssel geben. Die Tomatenhälften mit dem restlichen Öl bestreichen.

4. Den Grillrost mit der Bürste säubern. Die Hälfte der Räucherchips abtropfen lassen und auf die Glut geben. Den Grill schließen. Sobald Rauch aufsteigt, die Tomatenhälften jeweils mit der runden Seite nach unten über ***indirekter starker Hitze*** bei geschlossenem Deckel etwa 12 Min. grillen, bis sie innen brodeln und die Haut aufplatzt. Die Tomaten vom Grill nehmen, häuten und grob würfeln. Mit Koriandergrün, Chilischote und Limettensaft unter die Zwiebelmischung rühren. Die Chili-Salsa mit Salz abschmecken.

5. Die restlichen Chips abtropfen lassen und auf die Glut geben. Den Grilldeckel schließen. Wenn Rauch aufsteigt, die Pattys über ***direkter starker Hitze*** bei geschlossenem Deckel in 8–10 Min. medium rare grillen, dabei einmal wenden. Etwa 1 Min. vor Ende der Grillzeit auf jedes Patty 1 Käsescheibe legen und die Brötchen auf den Schnittflächen rösten. Jedes Brötchen mit 1 Patty und etwas Chili-Salsa füllen. Warm servieren.

MERGUEZ-GEMÜSE-SPIESSE
MIT HUMMUS

35 MIN.
Vorbereitungszeit
8–12 MIN.
Grillzeit

Gerät: | **Rauchintensität:** ●●●

Für 6 Personen

6 Merguez-Bratwürste (je etwa 100 g)
1 mittelgroße rote Paprikaschote, in 3 cm große Vierecke geschnitten
1 große Zucchini, längs halbiert, in 1 cm dicke Scheiben geschnitten
1 mittelgroße rote Zwiebel, in 6 Spalten geschnitten, jede Spalte in 2–3 Zwiebelschichten zerteilt
2 EL Olivenöl
1 TL grobes Meersalz
½ TL frisch gemahlener schwarzer Pfeffer

FÜR DEN HUMMUS
1 Dose (400 g) Kichererbsen
3 EL frisch gepresster Zitronensaft
2 EL Tahin (Sesammus)
2 EL Olivenöl
1 TL gemahlener Kreuzkümmel
1 Knoblauchzehe, fein gehackt
½ TL grobes Meersalz
1 Prise Cayennepfeffer

6 Pita-Brote
Zitronenspalten
scharfe rote Chilisauce

6 lange Metall- oder Holzspieße, Holzspieße mind. 30 Min. gewässert
1 große Handvoll Apfel- oder Kirschholz-Chips, mind. 30 Min. gewässert

1. Eine Zwei-Zonen-Glut für mittlere Hitze (175–230 °C) vorbereiten (siehe Seite 20–21).

2. Die Würste in einer großen Pfanne mit kaltem Wasser bedecken und das Wasser auf hoher Stufe aufkochen. Vom Herd nehmen und die Würste 2 Min. im heißen Wasser ziehen lassen. Würste abgießen und abkühlen lassen, dann jede Wurst quer in drei Stücke schneiden.

3. In einer großen Schüssel Paprika, Zucchini und Zwiebel behutsam mit Öl, Salz und Pfeffer mischen, dabei sollten die Zwiebelschichten möglichst nicht auseinanderfallen. Wurststücke und Gemüse abwechselnd auf die Spieße stecken.

4. Den Grillrost mit der Bürste säubern. Die Chips abtropfen lassen, auf der Glut verteilen und den Grilldeckel schließen. Sobald Rauch entsteht, die Spieße über ***direkter mittlerer Hitze*** bei geschlossenem Deckel 8–10 Min. grillen, bis die Würste gebräunt sind und das Gemüse knackig-zart ist, dabei die Zutaten gelegentlich wenden. Vom Grill nehmen.

5. Während die Spieße auf dem Grill liegen, den Hummus zubereiten. Die Kichererbsen über einer Schüssel in ein Sieb abgießen, die Flüssigkeit in der Schüssel aufbewahren. Kichererbsen mit Zitronensaft, Tahin, Olivenöl, Kreuzkümmel, Knoblauch, Salz und Cayennepfeffer in der Küchenmaschine zu einer glatten, dicken Paste pürieren, dabei nach Bedarf etwas von der Kichererbsenflüssigkeit unterrühren. Den Hummus in eine Schüssel geben und abgedeckt bei Raumtemperatur beiseitestellen.

6. Die Pita-Brote über ***direkter mittlerer Hitze*** etwa 2 Min. rösten, bis sie leicht gebräunt und warm sind. Die Brote auf einem Schneidebrett jeweils in sechs Stücke schneiden. Die Spieße warm mit Hummus, Pita, Zitronenspalten und scharfer Chilisauce servieren.

weber
weber
weber

15 MIN.
Vorbereitungszeit
2–4 STD.
Marinierzeit
6–8 MIN.
Grillzeit

MARINIERTE RIB-EYE-STEAKS

AUS DEM THYMIANRAUCH

Gerät: | **Rauchintensität:** ●●●

Für 4–6 Personen

FÜR DIE WÜRZPASTE
1 kleine Handvoll Thymianzweige
3 EL Olivenöl
1 EL Dijon-Senf
1 EL Aceto balsamico
1 EL fein gehackter Knoblauch
½ TL Selleriesalz

grobes Meersalz
frisch gemahlener schwarzer Pfeffer

4 Rib-Eye-Steaks ohne Knochen
(je 350–400 g schwer und 2½ cm dick)

2 kleine Handvoll Hickory- oder Mesquiteholz-Chips, mind. 30 Min. gewässert

TIPP

Damit die Steaks gleichmäßig garen, sollte die Glutfläche mindestens 10 cm größer sein als die Steaks. Außerdem sollten Sie die Steaks nach dem Wenden an eine andere Stelle auf dem Rost legen.

1. Vom Thymian die Blättchen abstreifen; die Zweige aufbewahren. Von den Blättchen so viele fein hacken, bis etwa 2 EL gehackte Blättchen entstanden sind. Diese in einer kleinen Schüssel mit den übrigen Zutaten für die Würzpaste sowie 1 TL Salz und ½ TL Pfeffer mischen.

2. Die Steaks jeweils auf beiden Seiten mit der Würzpaste bestreichen. Zugedeckt 2–4 Std. kalt stellen.

3. Die Steaks aus dem Kühlschrank nehmen, mit Salz und Pfeffer würzen und noch 15–30 Min. bei Raumtemperatur stehen lassen.

4. Eine Zwei-Zonen-Glut für starke Hitze (230–290 °C) vorbereiten (siehe Seite 20–21).

5. Den Grillrost mit der Bürste säubern. Die Holz-Chips abtropfen lassen und mit den abgezupften Thymianzweigen auf die Glut legen; den Grill schließen. Wenn die Chips zu rauchen beginnen, die Steaks über ***direkter starker Hitze*** bei geschlossenem Deckel bis zum gewünschten Gargrad grillen – nach 6–8 Min. sind sie medium rare. Während des Grillens ein- bis zweimal wenden; falls Flammen auflodern, die Steaks vorübergehend über indirekte Hitze legen. Die gegarten Steaks vom Grill nehmen, 3–5 Min. ruhen lassen, dann servieren.

KALBSKOTELETTS

MIT SHIITAKEPILZEN UND WEISSWEINSAUCE

20 MIN.
Vorbereitungszeit
6–8 MIN.
Grillzeit

Gerät: | **Rauchintensität:** ●●●

Für 4 Personen

FÜR DIE WÜRZPASTE
25 g gehackte Estragonblätter
2 EL körniger Senf
2 EL Haselnuss-, Walnuss- oder Olivenöl
2 EL trockener Weißwein oder Wermut

4 Kalbskoteletts (je etwa 350 g schwer und 2½ cm dick)
1 EL Öl
grobes Meersalz
frisch gemahlener schwarzer Pfeffer

4 EL Butter
1 dünne Stange Lauch (nur der weiße und hellgrüne Teil), in feine Ringe geschnitten
400 g Shiitakepilze, die Stiele abgeschnitten, die Hüte in feine Streifen geschnitten
60 ml trockener Weißwein oder Wermut
1 TL körniger Senf

1 große Handvoll Pekannussholz-Chips, mind. 30 Min. gewässert

TIPP

Sind die Koteletts erst einmal mit der köstlichen Estragon-Würzpaste bestrichen, können sie nicht mehr braun werden. Deshalb sollten Sie die Koteletts vorher wenigstens auf einer Seite anbraten, wie in Schritt 4 beschrieben.

1. In einer kleinen Schüssel alle Zutaten für die Würzpaste mischen.

2. Die Koteletts auf beiden Seiten dünn mit Öl bestreichen und gleichmäßig mit 2 TL Salz und ½ TL Pfeffer würzen. Bei Raumtemperatur 15–30 Min. ruhen lassen.

3. Eine Zwei-Zonen-Glut für mittlere Hitze (175–230 °C) vorbereiten (siehe Seite 20–21).

4. Den Grillrost mit der Bürste säubern. Die Holz-Chips abtropfen lassen und auf die Glut legen; den Grill schließen. Sobald die Holz-Chips zu rauchen beginnen, die Koteletts über ***direkte mittlere Hitze*** legen und mit der Hälfte der Paste bestreichen; den Grill schließen. Die Koteletts 3 bis 4 Min. grillen; wenden, mit der restlichen Paste bestreichen und 3–4 Min. weitergrillen (die Koteletts sind dann im Kern hellrosa). Vom Grill nehmen und ruhen lassen.

5. Inzwischen in einer großen Pfanne 2 EL Butter zerlassen. Die Lauchringe darin in etwa 2 Min. weich dünsten. Die Pilze zufügen und etwa 3 Min. mitdünsten, bis alle Flüssigkeit verdampft ist; dabei gelegentlich umrühren. Den Wein dazugießen und aufkochen lassen. Die Pfanne vom Herd nehmen. Die restlichen 2 EL Butter und den Senf dazugeben und mit einem Kochlöffel unterrühren, bis die Mischung cremig ist. Die Pilzpfanne mit Salz und Pfeffer würzen und sofort mit den Koteletts servieren.

STEAKSTREIFEN AUF RÖSTBROT

MIT SCHARFER SALSA

30 MIN.
Vorbereitungszeit
9–11 MIN.
Grillzeit

Gerät: | **Rauchintensität:** ●●●

Für 8 Personen

FÜR DIE WÜRZMISCHUNG
2 TL Knoblauchgranulat
1 TL grobes Meersalz
1 TL frisch gemahlener schwarzer Pfeffer
¼ TL Cayennepfeffer

2 Flank-Steaks (aus der Dünnung geschnitten; je etwa 500 g schwer und 2 cm dick)
Olivenöl

FÜR DIE SALSA
250 g Eiertomaten
4 Frühlingszwiebeln (nur die weißen und hellgrünen Teile), in dünne Ringe geschnitten
120 g eingelegte grüne Chilischoten, abgetropft und in kleine Würfel geschnitten
2 EL gehacktes Koriandergrün
1 EL fein gehackter Knoblauch
2 TL Rotweinessig
½ TL grobes Meersalz
¼ TL Tabasco

8 Scheiben Weißbrot (jeweils 1 cm dick)

2 Handvoll Eichenholz-Chips, mind. 30 Min. eingeweicht

1. Die Zutaten für die Würzmischung in einer kleinen Schüssel vermengen. Die Steaks rundherum dünn mit Öl bestreichen und mit der Würzmischung bestreuen. Bei Raumtemperatur 15–30 Min. ruhen lassen.

2. Eine Zwei-Zonen-Glut für mittlere Hitze (175–230 °C) vorbereiten (siehe Seite 20–21).

3. Die Zutaten für die Salsa in einer Schüssel mischen und beiseitestellen. Die Brotscheiben auf beiden Seiten dünn mit Öl bestreichen.

4. Den Grillrost mit der Bürste säubern. Die Holz-Chips abtropfen lassen und auf die Glut geben; den Grill schließen. Sobald die Chips zu rauchen beginnen, die Steaks über ***direkter mittlerer Hitze*** bei geschlossenem Deckel bis zum gewünschten Gargrad grillen – z. B. 8–10 Min. für medium rare –, dabei ein- oder zweimal wenden. (Falls beim Grillen Flammen hochschlagen sollten, die Steaks vorübergehend über indirekte Hitze legen.) Die fertigen Steaks vom Grill nehmen und 3–5 Min. ruhen lassen. Währenddessen die Brotscheiben über ***direkter mittlerer Hitze*** auf beiden Seiten etwa 1 Min. grillen.

5. Die Steaks quer zur Faser in dünne Scheiben schneiden. Auf die gerösteten Brotscheiben etwas Salsa geben und darauf die Fleischscheiben anrichten. Die Röstbrote warm oder abgekühlt servieren.

TIPP

Reiben Sie die Brote zuerst mit einer halbierten Knoblauchzehe ein und bestreichen Sie sie dann erst mit Öl – das sorgt für mehr Aroma.

GERÄUCHERTES RINDERCARPACCIO

IN SOJA-MARINADE

Gerät: | **Rauchintensität:** ●●●

30 MIN.
Vorbereitungszeit
8–12 STD.
Marinierzeit
1½–2 STD.
Gefrierzeit
ETWA 40 MIN.
Grillzeit

Für 8 Personen (als Vorspeise)

FÜR DIE MARINADE
4 Frühlingszwiebeln, in dünne Ringe geschnitten
80 ml Sojasauce
4 EL Honig
2 EL fein gehackter Ingwer
2 EL gesüßter Reisessig (Sushi-Essig)
2 TL geröstetes Sesamöl

2 Rinderfiletsteaks (je 225 g schwer und 4–5 cm dick)
5 Frühlingszwiebeln, geputzt
1 TL geröstetes Sesamöl
grobes Meersalz
80 ml Hoisin-Sauce
1 EL gesüßter Reisessig (Sushi-Essig)
½ TL geröstetes Sesamöl

2½ große Handvoll Eichenholz-Chips, mind. 30 Min. gewässert

1. Die Zutaten für die Marinade in einer kleinen Schüssel verrühren. Die Steaks in einen großen, verschließbaren Gefrierbeutel geben und die Marinade dazugießen. Die Luft aus dem Beutel drücken und den Beutel dicht verschließen. Den Beutel hin und her drehen, um die Marinade gut zu verteilen. In eine Schüssel legen und die Steaks 8–12 Std. im Kühlschrank marinieren.

2. Eine Zwei-Zonen-Glut für sehr schwache Hitze (95–110 °C) vorbereiten (siehe Seite 20–21).

3. Den Grillrost mit der Bürste säubern. Die Räucherchips abtropfen lassen und auf der Glut verteilen. Sobald sie zu rauchen beginnen, die Steaks aus der Marinade nehmen (die Marinade weggießen) und über ***indirekter sehr schwacher Hitze*** bei geschlossenem Deckel 35 Min. grillen. Vom Grill nehmen und 10 Min. abkühlen lassen. Anschließend die Steaks einzeln fest in Frischhaltefolie wickeln, dabei die Steaks jeweils zu einem möglichst gleichmäßigen Zylinder formen. Das Fleisch 1½–2 Std. zum Festwerden ins Gefrierfach legen (dann lässt es sich in Schritt 6 einfacher in Scheiben schneiden).

4. Mithilfe der Lüftungsschieber die Grilltemperatur auf 150 °C erhöhen, bei Bedarf einige glühenden Kohlen nachlegen. Die ganzen Frühlingszwiebeln mit dem Sesamöl bestreichen und mit ¼ TL Salz würzen. Über ***direkter schwacher Hitze*** bei geschlossenem Deckel 6–8 Min. grillen, bis sie zusammengefallen und schön markiert sind; hin und wieder wenden. Vom Grill nehmen und etwas abkühlen lassen. Auf einem Schneidebrett in Ringe schneiden und bis zum Servieren beiseitestellen.

5. In einer zweiten kleinen Schüssel die Hoisin-Sauce mit Reisessig und Sesamöl zum Beträufeln des Carpaccios verrühren. Die Mischung sollte nicht zu dickflüssig sein, gegebenenfalls mit jeweils ½ TL Wasser verdünnen, bis die richtige Konsistenz erreicht ist.

6. Aus dem Gefrierfach 1 Steak nehmen und aus der Folie wickeln. Mit einem sehr scharfen Messer das Fleisch quer, also gegen die Faser, in hauchdünne Scheiben schneiden; die Scheiben bei Bedarf zusätzlich noch flach klopfen. Das zweite Steak genauso vorbereiten. Die Carpaccio-Scheiben auf einer großen Platte oder einzelnen Tellern anrichten, mit ein wenig Hoisin-Essig-Sauce beträufeln, mit den gegrillten Frühlingszwiebeln bestreuen und servieren.

1–2 STD.
Gefrierzeit
1 STD.
Marinierzeit
6–7 STD.
Grillzeit

PFEFFRIGES BEEF-JERKY

Gerät: | **Rauchintensität:** ●●●

Für 12 Personen

1 kg Rinderbraten aus der Schwanzrolle (falsches Filet)

FÜR DIE MARINADE
60 ml Sojasauce
2 EL Worcestersauce
1 EL Honig

FÜR DIE PFEFFER-WÜRZMISCHUNG
2 TL schwarze Pfefferkörner
2 TL grüne Pfefferkörner
2 TL rosa Pfefferkörner
2 TL weiße Pfefferkörner
2 TL Szechuan-Pfefferkörner

Mörser
1 große Handvoll Hickoryholz-Chunks

TIPPS

Da die Hitze im Räuchergrill sehr schwach ist, können sich Briketts darin nicht entzünden. Bringen Sie diese deshalb rechtzeitig im Anzündkamin zum Glühen und verwenden Sie die Briketts erst, wenn sie heiß und mit Asche bedeckt sind. Die glühenden Briketts mit einer langstieligen Metallzange in den Räuchergrill geben.

Wenn der erste Rauch verflogen ist, beginnt für das Fleisch die Trocknungsphase auf dem Grill – weiterer Rauch ist dabei nicht mehr nötig.

1. Den Braten 1–2 Std. im Gefrierfach anfrieren lassen. Anschließend quer zur Faser in knapp 1 cm dicke Scheiben schneiden.

2. In einer großen Schüssel die Zutaten für die Marinade mit einem Schneebesen gründlich verrühren. Die Fleischscheiben hineinlegen und darin wenden. Offen für 1 Std. in den Kühlschrank stellen.

3. Währenddessen alle Pfefferkörner im Mörser (oder in einem Gefrierbeutel mit dem Boden eines schweren Topfes) grob zerstoßen. Die zerstoßenen Pfefferkörner in eine kleine Schüssel füllen und mischen.

4. Die Fleischscheiben aus der Marinade nehmen und auf einem Backblech ausbreiten. Gleichmäßig auf beiden Seiten mit der Pfeffermischung einreiben, den Pfeffer dabei auf das Fleisch drücken.

5. Den Räuchergrill für indirekte extrem schwache Hitze (etwa 80 °C) vorbereiten (siehe Seite 22–23). Dafür den Anzündkamin nur etwa zur Hälfte mit Holzkohle füllen.

6. Die Holzstücke auf die Glut legen. Den Grillrost mit der Bürste säubern. Die Fleischscheiben über ***indirekter extrem schwacher Hitze*** bei geschlossenem Deckel 6–7 Std. grillen, bis sie trocken und fast mürbe sind. Dabei ein paar vorgeglühte Briketts hinzufügen, damit die Hitze gleichmäßig bleibt. Die gegrillten Fleischscheiben auf einer Servierplatte vollständig auskühlen lassen. Nach etwa 2 Std. servieren.

7. Übriges Beef-Jerky in einen luftdicht verschließbaren Behälter geben und im Kühlschrank bis zu 2 Wochen aufbewahren. Oder luftdicht verpacken und einfrieren, so hält es sich bis zu 4 Monate.

RINDERRIPPEN

MIT PFLAUMEN-RUM-BARBECUE-SAUCE

40 MIN. *Vorbereitungszeit*
ETWA 4 STD. *Grillzeit*

Gerät: | **Rauchintensität:** ●●●

Für 6 Personen

FÜR DIE WÜRZMISCHUNG
2 EL Paprikapulver
2 EL brauner Zucker (vorzugsweise Muscovado)
2 TL gemahlener Zimt
2 TL getrockneter Thymian
2 TL grobes Meersalz
2 TL frisch gemahlener schwarzer Pfeffer
1 TL frisch geriebene Muskatnuss
½ TL gemahlener Piment
½ TL gemahlene Muskatblüte (Macis)

2 Rippenleitern vom Rind (Back Ribs; je etwa 2 kg)
60 ml Worcestersauce

8 große Hickoryholz-Chunks

FÜR DIE SAUCE
600 g Pflaumen, entsteint, gehackt
400 g stückige Tomaten (Dose)
1 Schalotte, fein gewürfelt
60 g Zucker
60 ml brauner Rum
60 ml Ahornsirup (vorzugsweise dunkler; Grade B)
60 ml Cidre-Essig
2 EL Dijon-Senf
2 EL Worcestersauce
2 EL fein gehackter Ingwer
½ TL frisch gemahlener schwarzer Pfeffer
¼ TL gemahlene Gewürznelken

TIPPS

Rippenleitern (Beef Back Ribs) werden aus dem Rippenbraten des Rindes geschnitten – sie sind nicht zu verwechseln mit der Spannrippe, die viel zäheres Fleisch hat.

Wenn Sie mit der Fleischgabel leicht zwischen den Knochen in das gegrillte Fleisch stechen können, ist es perfekt gegart.

1. Die Zutaten für die Würzmischung in einer kleinen Schüssel vermengen.

2. Mit einem stumpfen Messer auf der Rippen-Rückseite die durchsichtige, dünne Haut anheben, lockern und abziehen. Jede Rippenleiter einmal durchschneiden; so erhält man 4 Stück. Jedes Rippenstück mit der Worcestersauce, dann mit der Würzmischung einreiben. Beiseitestellen.

3. Den Räuchergrill für indirekte sehr schwache Hitze (95–120 °C) vorbereiten (siehe Seite 22–23). Wenn die Temperatur 110 °C beträgt, 2 Chunks auf die Glut geben.

4. Den Grillrost mit der Bürste säubern. Die Rippen mit der Knochenseite nach unten über ***indirekter sehr schwacher Hitze*** bei geschlossenem Deckel 3–3½ Std. grillen, bis sie gerade zart werden. Alle 45 Min. vorgeglühte Briketts und 2 Chunks nachlegen, damit die Temperatur im Grill konstant zwischen 95 und 120 °C bleibt.

5. Inzwischen die Sauce zubereiten. Dafür in einem großen Topf alle Zutaten mischen und auf mittlerer bis hoher Stufe aufkochen, dabei hin und wieder umrühren. Dann offen bei mittlerer bis schwacher Hitze etwa 20 Min. unter häufigem Rühren köcheln lassen, bis die Pflaumen sehr weich sind und die Sauce etwas angedickt ist. Vom Herd nehmen und mit dem Stabmixer oder in der Küchenmaschine pürieren.

6. Nach etwa 3½ Std. Räucherzeit die (ziemlich dunklen) Rippen mit Sauce bestreichen und über ***indirekter sehr schwacher Hitze*** bei geschlossenem Deckel etwa 15 Min. weitergrillen. Die Rippen wenden, nochmals mit Sauce bestreichen und etwa 15 Min. grillen, bis sie glänzen und das Fleisch zart ist. Vom Grill nehmen und etwa 10 Min. ruhen lassen. Die Rippen zwischen den Knochen in Stücke schneiden und heiß mit der restlichen Sauce servieren.

RINDERFILET

MIT GORGONZOLA-ZWIEBEL-SAUCE

Gerät: | **Rauchintensität:** ●●●

30 MIN.
Vorbereitungszeit
ETWA 1 STD.
Grillzeit

Für 8–12 Personen

1,8 kg Rinderfilet (möglichst aus dem dickeren Mittelstück), Silberhaut entfernt, überschüssiges Fett entfernt
2 EL Öl
2½ TL grobes Meersalz
1 TL frisch gemahlener schwarzer Pfeffer

FÜR DIE SAUCE
2 EL Öl
2 mittelgroße Zwiebeln, fein gewürfelt
grobes Meersalz
450 g Schmand
220 g Gorgonzola, zerbröckelt
3 EL Schnittlauchröllchen
½ TL frisch gemahlener schwarzer Pfeffer

Küchengarn
2 faustgroße Mesquiteholz-Chunks
Fleischthermometer

1. Das Rinderfilet im Abstand von jeweils ein paar Zentimetern mit Küchengarn in eine kompakte Form binden (sollte ein Ende des Filets sehr dünn sein, das Ende einschlagen und an den Braten binden). Das Fleisch dünn mit Öl bestreichen und gleichmäßig mit Salz und Pfeffer würzen. Vor dem Grillen 15–30 Min. ruhen lassen.

2. Inzwischen für die Sauce in einer großen Pfanne das Öl auf mittlerer Stufe erhitzen. Die Zwiebelwürfel hineingeben, mit ½ TL Salz bestreuen und unter gelegentlichem Rühren in etwa 10 Min. goldgelb dünsten. Die Hitze auf kleine Stufe stellen und die Zwiebelwürfel in 20–30 Min. goldbraun karamellisieren und sehr weich werden lassen. In eine mittelgroße Schüssel geben und auskühlen lassen. Mit Schmand, Gorgonzola, 2 EL Schnittlauch und Pfeffer mischen.

3. Den Räuchergrill für indirekte schwache Hitze (120 bis 150 °C) vorbereiten (siehe Seite 22–23). Die beiden Chunks auf die Glut geben.

4. Den Grillrost mit der Bürste säubern. Die Wasserschale nur zu einem Drittel mit Wasser füllen. Den Braten über ***indirekter schwacher Hitze*** bei geschlossenem Deckel 45 bis 55 Min. grillen, bis das in die dickste Stelle des Bratens gesteckte Fleischthermometer eine Kerntemperatur von 50 °C anzeigt. Den Braten vom Grill auf ein großes Backblech mit Rand heben.

5. Mit gut isolierenden Grillhandschuhen den oberen Grillrost abnehmen und auf einer hitzebeständigen Unterlage ablegen. Den unteren Rost ebenfalls abnehmen und beiseitelegen. Sehr vorsichtig die Wasserschale herausnehmen und beiseitestellen. Mit einer langen Grillzange von oben oder über die Zugangstür zur Kohle die glühenden Kohlestücke ausbreiten, um die überschüssige Asche zu entfernen und die Temperatur der Glut zu erhöhen. Das dauert nicht länger als 1 Min. Einen der Grillroste wieder im unteren Bereich einsetzen, direkt über den Kohlen. Den Braten darauflegen und den Grill schließen. Alle Lüftungsschieber vollständig öffnen. Das Fleisch über ***direkter starker Hitze*** 8–10 Min. (für medium rare) grillen, dabei ab und zu wenden, bis das in die dickste Stelle des Bratens gestochene Fleischthermometer eine Kerntemperatur von 52 °C anzeigt. Den Braten vom Grill auf ein Schneidebrett heben und 10–12 Min. ruhen lassen (dabei erhöht sich die Kerntemperatur noch um 2–5 °C).

6. Das Küchengarn entfernen und den Braten quer in 1 cm dicke Scheiben schneiden. Die Gorgonzola-Zwiebel-Sauce mit dem übrigen Schnittlauch garnieren. Die Filetscheiben warm mit der Sauce servieren.

RINDERBRATEN MIT PFEFFERKRUSTE

UND KRÄUTER-HASELNUSS-PESTO

Gerät: | **Rauchintensität:** ●●●

Für 6–8 Personen

2 EL grob zerdrückte schwarze Pfefferkörner
1 EL grobes Meersalz
1 Rinderbraten (Hochrippe; etwa 3,5 kg)
1 EL Rapsöl

FÜR DAS PESTO
20 g Korianderblätter
20 g Petersilienblätter
10 g Oreganoblätter
30 g Haselnusskerne, geröstet und enthäutet
60 ml Sherry-Essig
3–5 Knoblauchzehen, grob gehackt
½ TL Chiliflocken
125 ml Olivenöl

grobes Meersalz
frisch gemahlener schwarzer Pfeffer

2 große Handvoll Apfel- oder Eichenholz-Chips, mind. 30 Min. gewässert
Fleischthermometer

TIPP

Um Haselnusskerne zu rösten und zu häuten, diese auf einem Backblech ausbreiten und im 180 °C heißen Backofen etwa 10 Min. rösten, bis die Häute aufplatzen und die Nüsse gebräunt sind, dabei gelegentlich wenden. Die Nüsse auf ein Küchentuch geben und 5 Min. abkühlen lassen, dann in das Tuch wickeln und darin gegeneinanderreiben, um möglichst viel von der papierartigen Haut zu entfernen.

1. In einer kleinen Schüssel Pfefferkörner und Salz mischen. Den Braten rundherum mit Öl bestreichen und mit der Pfeffermischung bestreuen. Bei Raumtemperatur 1 Std. ruhen lassen.

2. In der Küchenmaschine oder im Blitzhacker alle Zutaten für das Pesto, bis auf das Öl, zerkleinern. Anschließend das Öl bei laufendem Motor langsam dazugießen, bis eine recht flüssige Paste entstanden ist; salzen und pfeffern. Die Paste in eine Schüssel geben, zudecken und bis zum Servieren bei Raumtemperatur beiseitestellen.

3. Den Grill für indirekte schwache bis mittlere Hitze (etwa 175 °C) vorbereiten (siehe Seite 24–25).

4. Den Grillrost mit der Bürste säubern. 1 Handvoll Holz-Chips abtropfen lassen und in die Räucherbox geben (Herstellerangaben beachten); den Grill schließen. Sobald die Chips zu rauchen beginnen, den Braten mit der Knochenseite nach unten über ***indirekter schwacher bis mittlerer Hitze*** bei geschlossenem Deckel etwa 2¼ Std. grillen. Nach der ersten Stunde die restlichen Holz-Chips abtropfen lassen und in die Räucherbox geben. Das Thermometer in den Braten stecken, dabei nicht den Knochen berühren. Beträgt die Kerntemperatur etwa 50 °C, ist das Fleisch medium rare.

5. Den Braten vom Grill nehmen und etwa 20 Min. ruhen lassen. Anschließend in dicke Scheiben schneiden und mit dem Pesto servieren.

GERÄUCHERTES RINDERFILET

AUF MAROKKANISCHE ART

Gerät: | **Rauchintensität:** ●●●

Für 6–8 Personen

FÜR DIE WÜRZMISCHUNG
1½ TL Kümmelsamen
1½ TL Koriandersamen
1½ TL Kreuzkümmelsamen
1½–2 TL brauner Zucker (vorzugsweise Muscovado)
1 TL grobes Meersalz
¼ TL Zimtpulver
¼ TL frisch gemahlener schwarzer Pfeffer
1 Messerspitze gemahlene Gewürznelke

1 Rinderfilet (möglichst aus dem dickeren Mittelstück; etwa 1½ kg), Silberhaut und überschüssiges Fett entfernt

2 EL Olivenöl

2 große Handvoll Mesquiteholz-Chips, mind. 30 Min. gewässert
Küchengarn
große Einweg-Aluschale
Fleischthermometer

TIPPS

Der mittlere Teil des Rinderfilets (auch Chateaubriand genannt) ist dicker als die Enden des Filets und deshalb am besten zum Grillen geeignet – das Fleisch gart besonders gleichmäßig, ohne trocken zu werden.

Braten Sie das Fleisch über direkter Hitze rundherum an, sobald im Grill eine Temperatur von etwa 230 °C herrscht. Danach hat der Grill die richtige Temperatur, um den Braten bei indirekter Hitze weiterzugaren.

1. Die Gewürzsamen im Mörser grob zerstoßen (oder in einem Gefrierbeutel mit dem Boden eines schweren Topfes zerdrücken). In eine kleine Schüssel geben und die übrigen Zutaten für die Würzmischung hinzufügen.

2. Das Fleisch mit Küchengarn gleichmäßig binden, damit es eine kompakte Form bekommt. Anschließend dünn mit Öl bestreichen und rundherum mit der Würzmischung bestreuen. Bei Raumtemperatur 15–30 Min. ruhen lassen.

3. Eine Zwei-Zonen-Glut für mittlere bis starke Hitze (200–260 °C) vorbereiten (siehe Seite 20–21). Die Einweg-Aluschale neben die Glut stellen und drei Viertel hoch mit Wasser füllen.

4. Den Grillrost mit der Bürste säubern. Den Braten über ***direkter mittlerer bis starker Hitze*** bei geschlossenem Deckel etwa 12 Min. anbraten, dabei das Fleisch alle 3–4 Min. um eine Vierteldrehung wenden.

5. Anschließend den Braten über ***indirekte mittlere bis starke Hitze*** über die Aluschale legen. Die Holz-Chips abtropfen lassen und auf die Glut geben. Den Grill schließen und das Fleisch etwa 30 Min. grillen. Das Thermometer an der dicksten Stelle in den Braten stecken, ohne dass es dabei den Knochen berührt. Wenn es etwa 50 °C anzeigt, ist das Fleisch medium rare. Das Fleisch auf ein Brett heben und 5–10 Min. ruhen lassen.

6. Das Küchengarn entfernen und den Braten quer zur Faser in gut 1 cm dicke Scheiben schneiden. Warm servieren.

GERÄUCHERTE RINDERBRUST

30 MIN. *Vorbereitungszeit*
12–24 STD. *Marinierzeit*
7–9 STD. *Grillzeit*
1–2 STD. *Ruhezeit*

Gerät: | **Rauchintensität:** ●●●

Für 12–15 Personen

1 ausgelöste Rinderbrust mit Fettauflage (4–5 kg; vorzugsweise vom Angus-Rind)
250 ml Fleischbrühe
60 g Senf

FÜR DIE WÜRZMISCHUNG
2 EL reines Chilipulver (vorzugsweise Ancho-Chilipulver)
1 EL brauner Zucker
1 EL Meersalz
1 EL Zwiebelpulver
1 EL Paprikapulver
1 EL gemahlener Kreuzkümmel
2 TL frisch gemahlener schwarzer Pfeffer
2 TL gemahlener Piment

Spritze
extragroße Einweg-Aluschale für Braten
8 Mesquiteholz-Chunks (mittlere Größe)
Fleischthermometer

1. Am Vorabend die Rinderbrust vorbereiten. Mit einem scharfen Messer so viel von der Fettschicht entfernen, dass 1–1½ cm (nicht weniger!) stehen bleiben. Die Rinderbrust wenden und, falls vorhanden, die dünne Haut entfernen. Die Brühe in die Spritze füllen und das Fleisch damit »impfen«: Dafür das Fleisch mit der Fettseite nach unten in die extragroße Aluschale legen und imaginär in etwa 2 cm große Quadrate einteilen. In jedes gedachte Quadrat etwas Brühe spritzen, dabei die Nadel parallel zur Faser einstechen und während des Injizierens langsam wieder aus dem Fleisch ziehen. Versuchen Sie, so viel Brühe wie möglich ins Fleisch zu injizieren – doch ein Teil geht beim Einspritzen zwangsläufig verloren. Nach dem »Impfen« den Braten rundherum mit Senf bestreichen.

2. Die Zutaten für die Würzmischung in einer kleinen Schüssel vermengen. Über den Braten streuen und mit dem Senf und der Brühe einmassieren – Würzmischung, Senf und Brühe verbinden sich dabei zu einer Paste. Den Braten mit der Fleischseite nach unten in die Aluschale legen, zudecken und für 12–24 Std. in den Kühlschrank stellen.

3. Den Räuchergrill für indirekte sehr schwacher Hitze (95–120 °C) vorbereiten (siehe Seite 22–23).

4. Auf die Glut 2 Chunks geben. Die Rinderbrust in der Aluschale über ***indirekter sehr schwacher Hitze*** bei geschlossenem Deckel 4 Std. grillen, dabei nach Bedarf die Temperatur mithilfe der Lüftungsschieber konstant bei 100 °C halten. Zu jeder Stunde 2 frische Chunks auf die Glut legen und den Braten mit dem Saft, der sich in der Aluschale gesammelt hat, begießen.

5. Nach 4 Std. Grillzeit die Kerntemperatur des Bratens mit dem Fleischthermometer messen. Wenn sie bei 75 °C liegt, den Braten in der Schale vom Grill nehmen, andernfalls weitergrillen. Den Räuchergrill dann wieder schließen; weitere vorgeglühte Briketts auf die Glut geben und die Wasserschale füllen.

6. Auf einer Arbeitsfläche 3 Stück extrastarke Alufolie (jeweils etwa 90 cm lang) so ausbreiten, dass sie sich an den Längsseiten knapp überlappen. Den Braten mit der Fettseite nach oben darauflegen. Etwa 125 ml Bratenfond darübergießen und den Braten so fest in die Folie packen, dass kein Dampf entweichen kann. Den restlichen Bratenfond aus der Aluschale gießen; er wird nicht mehr benötigt.

7. Den Braten in der Folie wieder in die Aluschale legen und die Schale auf den Räuchergrill über ***indirekte sehr schwache Hitze*** stellen. Bei geschlossenem Deckel 3–5 Std. weitergrillen, bis das Fleisch so zart ist, dass man ganz leicht mit dem Fleischthermometer hineinstechen kann und die Kerntemperatur etwa 90 °C beträgt. (Die Struktur des Fleisches ist hier der besserer Indikator für den Garzustand, denn die Grilldauer hängt stark von der Fleischqualität ab.) Vom Grill nehmen und den Braten bei Raumtemperatur 1–2 Std. ruhen lassen.

8. Den Braten aus der Folie wickeln und quer zur Faser in dünne Scheiben schneiden. Warm mit einer Grillsauce und Beilagen servieren. Als Beilage passen etwa die Bohnen mit Cidre und Bacon (Rezept siehe Seite 214).

TIPPS

Für die Zubereitung dieses Bratens sollten Sie den ganzen Tag einplanen – Ihre Mühe und Geduld werden mit äußerst zartem und köstlichem Fleisch belohnt. Verwenden Sie einen großen Räuchergrill.

Planen Sie bei diesem Rezept im Voraus. Das Fleisch muss vermutlich beim Metzger vorbestellt werden. Sie benötigen eine ganze Rinderbrust, bestehend aus Brustspitze, Brustkern und Nachbrust, möglichst vom Angus-Rind.

30 MIN.
Vorbereitungszeit
ETWA 2¼ STD.
Grillzeit

CHILI AUS DEM MESQUITERAUCH

Gerät: | **Rauchintensität:** ●●●

Für 4–6 Personen

2 Rinderschmorbraten (Schulter; je etwa 900 g)
6 EL Olivenöl
grobes Meersalz
frisch gemahlener schwarzer Pfeffer

2 Zwiebeln, grob gewürfelt
je 1 rote und grüne Paprikaschote, in etwa 1½ cm große Stücke geschnitten
4 Knoblauchzehen, gehackt
1 Chilischote (vorzugsweise Serrano), entkernt und gewürfelt
30 g Chilipulver (Gewürzmischung)
2 TL getrockneter Oregano
2 TL gemahlener Kreuzkümmel
1 große Dose Tomaten (800 g Inhalt)
375 ml dunkles Bier

Dutch Oven (mind. 5 l Inhalt)
4 Mesquiteholz-Chunks

TIPP

Wer möchte, kann das Chili mit Bohnen anreichern. Dafür Bohnen von zwei Dosen (je 400 g Inhalt; z. B. Wachtel- oder rosa Bohnenkerne) abtropfen lassen und 15 Min. vor Ende der Garzeit unter das Chili mischen.

1. Eine Zwei-Zonen-Glut für starke Hitze (230–290 °C) vorbereiten (siehe Seite 20–21).

2. Die Braten halbieren; jede Hälfte mit 1 EL Öl bestreichen und mit 1½ TL Salz und ¾ TL Pfeffer würzen. Die Fleischstücke bei Raumtemperatur 15–30 Min. ruhen lassen.

3. Den Grillrost mit der Bürste säubern. 2 Chunks auf die Glut geben. Den Grill schließen. Sobald Rauch aufsteigt, die Braten über ***direkter starker Hitze*** bei geschlossenem Deckel etwa 6 Min. grillen, dabei einmal wenden. Sie sollten dann rundherum gebräunt sein. Anschließend die Braten über ***indirekte starke Hitze*** legen.

4. Inzwischen die restlichen 2 EL Öl in den Dutch Oven gießen; Zwiebeln, Paprikaschoten, Knoblauch und Chilischote dazugeben. Den Topf über ***direkte starke Hitze*** stellen und das Gemüse bei geschlossenem Grilldeckel 8–10 Min. garen, bis die Zwiebeln weich sind, dabei ab und zu umrühren. Chilipulver, Oregano und Kreuzkümmel untermischen. Die Tomaten in der Dose mit einem Messer grob zerkleinern. Mit dem Saft und Bier hinzufügen. Die Bratenstücke in den Topf geben und alles zum Kochen bringen. Den Topf zudecken oder fest mit Alufolie verschließen.

5. Währenddessen dürfte die Hitze etwa 175 °C erreicht haben. Den Topf über ***indirekte mittlere Hitze*** stellen und die Braten etwa 2 Std. schmoren, bis das Fleisch so zart ist, dass es zerfällt. Dabei nach 1 Std. vorgeglühte Briketts zur Glut geben, um die Hitze zu halten; außerdem die 2 restlichen Chunks hinzufügen. Den Topf nach dem Ende der Garzeit vom Grill nehmen. Den Topf öffnen und das Chili 5 Min. im Topf ruhen lassen. Anschließend das Fett von der Oberfläche abnehmen und das Fleisch mit zwei Gabeln in mundgerechte Stücke zupfen. Das Chili mit Salz und Pfeffer abschmecken und sofort servieren.

weber

20 MIN.
Vorbereitungszeit
3½–5 STD.
Grillzeit

GERÄUCHERTE LAMMSCHULTER

MIT TOMATEN-BOHNEN-SALAT

Gerät: | **Rauchintensität:** ●●●

Für 4–6 Personen

1 Lammschulter mit Knochen (etwa 2¼ kg)
1 **TL** grobes Meersalz
½ **TL** frisch gemahlener schwarzer Pfeffer
2 **EL** Dijon-Senf
2 **EL** Olivenöl
2 **TL** fein gehackter Thymian
3 Knoblauchzehen, fein gehackt

FÜR DEN SALAT
1 **EL** Rotweinessig
1 **TL** grobes Meersalz
¼ **TL** frisch gemahlener schwarzer Pfeffer
4 **EL** Olivenöl
1 **Dose (400 g)** Cannellini-Bohnen, abgespült und abgetropft
2 **EL** feine Schalottenwürfel
1 **EL** fein gehackte Minze oder glatte Petersilie
300 **g** Cocktailtomaten, halbiert

FÜR DIE SAUCE
180 **g** Crème fraîche
3 **EL** Dijon-Senf
4 **TL** fein gehackte Minze
4 **TL** Schnittlauchröllchen
1 Knoblauchzehe, zerdrückt
½ **TL** grobes Meersalz
1 **großzügige Prise** frisch gemahlener schwarzer Pfeffer

Küchengarn
2 **faustgroße** Eichen-, Apfel- oder Pekannussholz-Chunks
Fleischthermometer

1. Überschüssiges Fett der Lammschulter entfernen. Überhängendes Fleisch einschlagen und die Schulter mit Küchengarn in eine kompakte Form binden; rundherum mit Salz und Pfeffer würzen. In einer kleinen Schüssel den Senf mit Öl, Thymian und Knoblauch verrühren. Die Schulter damit rundherum bestreichen. Das Fleisch nicht abgedeckt kalt stellen, während Sie den Grill vorbereiten.

2. Den Räuchergrill für indirekte schwache Hitze (135–160 °C) vorbereiten (siehe Seite 22–23).

3. Die Wasserschale mit Aluminiumfolie auskleiden, aber nicht mit Wasser füllen. Den Grillrost mit der Bürste säubern. 1 Chunk auf die Glut geben. Die Lammschulter über ***indirekter schwacher*** Hitze bei geschlossenem Deckel 3½ bis 4½ Std. räuchern, bis die Kerntemperatur bei 65 °C liegt. Bei Bedarf weitere Briketts nachlegen, damit im Grill eine konstante Temperatur zwischen 135 und 160 °C herrscht. Den übrigen Chunk nach 45 Min. Räucherzeit auf die Glut geben. Inzwischen Salat und Sauce zubereiten.

4. Für den Salat in einer mittelgroßen Schüssel den Essig mit Salz und Pfeffer verrühren, dann nach und nach das Öl unterschlagen. Bohnen, Schalotten und Kräuter gründlich untermischen. Bis zum Servieren bei Raumtemperatur beiseitestellen (oder im Kühlschrank aufbewahren und vor dem Servieren wieder auf Raumtemperatur bringen).

5. In einer kleinen Schüssel die Zutaten für die Sauce verrühren. Bis zum Servieren abgedeckt kalt stellen.

6. Die fertige Lammschulter in eine doppelte Lage extrastarke Alufolie wickeln. Zurück in den Smoker legen und 1 Std. bei einem Spaltbreit geöffneten Grilldeckel nachziehen lassen. Die Resthitze im Grill hält das Fleisch warm, und seine Kerntemperatur erhöht sich in dieser Zeit noch ein wenig, ohne dass es weiter gegart wird.

7. Die Lammschulter tranchieren. Die Tomatenhälften unter den Salat mischen. Das Lammfleisch warm mit Sauce und Salat servieren.

LAMM-ROLLBRATEN

AUS DEM EICHENRAUCH MIT HASELNUSS-GREMOLATA

30 MIN.
Vorbereitungszeit
ETWA 1 STD.
Grillzeit

Gerät: | **Rauchintensität:** ●●●

Für 8 Personen

FÜR DIE GREMOLATA
2 Knoblauchzehen
100 g Haselnusskerne, geröstet, gehäutet, grob gehackt
1 Bund Petersilie, Blätter abgezupft
abgeriebene Schale von **2** Bio-Zitronen
grobes Meersalz
frisch gemahlener schwarzer Pfeffer

1 Lammrollbraten (Keule; 2 kg)
Olivenöl

2 große Handvoll Eichenholz-Chips, mind. 30 Min. gewässert
Küchengarn
große Einweg-Aluschale
Fleischthermometer

TIPPS

Holz vom Weinstock ist eine hervorragende Alternative zu Eichenholz.

Entfernen Sie das Küchengarn erst nach dem Tranchieren. So hält der Braten zusammen und lässt sich besser in gleich dicke Scheiben schneiden.

1. Den Knoblauch schälen und im Blitzhacker zerkleinern. Die anderen Zutaten für die Gremolata mit je ½ TL Salz und Pfeffer dazugeben; alles zu einer groben Paste verarbeiten.

2. Das Lammfleisch mit der aufgeschnittenen Seite nach oben auf der Arbeitsfläche ausbreiten. Die Gremolata gleichmäßig auf dem Fleisch auftragen. Von einem breiten Ende her die Fleischscheibe aufrollen und über Kreuz mit dem Küchengarn zusammenbinden. Den Braten mit Öl bestreichen und mit 1 TL Salz und ½ TL Pfeffer würzen. Beiseitestellen (nicht in den Kühlschrank).

3. Eine Zwei-Zonen-Glut für mittlere Hitze (175–230 °C) vorbereiten (siehe Seite 20–21). Die Aluschale neben die Glut stellen und drei Viertel hoch mit Wasser füllen.

4. Den Grillrost mit der Bürste säubern. Den Lammrollbraten über ***direkter mittlerer Hitze*** bei geschlossenem Deckel etwa 12 Min. anbraten, bis er rundherum schön gebräunt ist.

5. Von den Holz-Chips 1 Handvoll abtropfen lassen und auf die Glut geben. Den Braten über die Aluschale auf den Grillrost legen und über ***indirekter mittlerer Hitze*** 30 Min. grillen. Die restlichen Chips abtropfen lassen und auf die Glut geben. Falls nötig, vorgeglühte Holzkohle dazugeben, um die Temperatur zu halten. Den Braten anschließend bei geschlossenem Deckel etwa 20 Min. weitergrillen. Das Thermometer an der dicksten Stelle in den Braten stecken: Wenn es etwa 50 °C anzeigt, ist der Braten medium rare.

6. Den Braten auf ein Brett heben und etwa 5 Min. ruhen lassen. Quer in etwa 1 cm dicke Scheiben schneiden, dann das Küchengarn entfernen. Sofort servieren.

LAMMSCHULTER

MIT GEMÜSE-COUSCOUS

30 MIN. *Vorbereitungszeit*
12–24 STD. *Kühlzeit*
ETWA 2¼ STD. *Grillzeit*

Gerät: | **Rauchintensität:** ●●●

Für 6 Personen

FÜR DIE WÜRZPASTE
60 ml Olivenöl
1–2 Zweige Thymian, die Blätter abgezupft
4 Knoblauchzehen, fein gehackt
1½ TL Chiliflocken
1 TL grobes Meersalz
½ TL frisch gemahlener schwarzer Pfeffer

1 Lammschulter ohne Knochen (etwa 1½ kg)

2 EL Butter
4 Frühlingszwiebeln (nur die weißen und hellgrünen Teile), in dünne Ringe geschnitten
1 rote Paprikaschote, klein gewürfelt
1 kleine Zucchini, klein gewürfelt
2 TL gehackter Oregano oder **1 TL** getrockneter Oregano
1 TL Paprikapulver
¾ TL grobes Meersalz
½ TL frisch gemahlener schwarzer Pfeffer
750 ml Hühnerbrühe
200 g Instant-Couscous

Küchengarn
2 große Handvoll Pekannussholz-Chips, mind. 30 Min. gewässert
Fleischthermometer

TIPP

Mit der Würzpaste können Sie auch eine ausgelöste Lammkeule von etwa 2 kg würzen und nach dem Rezept auf Seite 88 zubereiten.

1. Die Zutaten für die Würzpaste im Blitzhacker oder in der Küchenmaschine zu einer glatten Masse verarbeiten.

2. Die Lammschulter mit der flachen Seite nach unten auf die Arbeitsfläche legen. Die Würzpaste dick daraufstreichen. Die Lammschulter vom langen Ende her aufrollen und an mehreren Stellen mit Küchengarn umwickeln, damit die Rolle in Form bleibt. In einen großen Gefrierbeutel legen, diesen verschließen und für 12–24 Std. in den Kühlschrank legen.

3. Den Grill für indirekte mittlere Hitze (175–230 °C) vorbereiten (siehe Seite 24–25).

4. Die Lammschulter aus dem Beutel nehmen. Den Grillrost mit der Bürste säubern. 1 Handvoll Chips abtropfen lassen und in die Räucherbox des Gasgrills geben (Herstellerangaben beachten). Den Grill schließen. Sobald die Chips zu rauchen beginnen, die Lammschulter über ***indirekter mittlerer Hitze*** bei geschlossenem Deckel 1 Std. grillen. Die restlichen Chips abtropfen lassen und in die Räucherbox geben. Den Grill schließen und das Fleisch etwa 1¼ Std. weitergrillen, bis seine Kerntemperatur 65 °C beträgt. Die Lammschulter vom Grill nehmen, fest in Alufolie wickeln und 15–20 Min. ruhen lassen.

5. Inzwischen den Gemüse-Couscous zubereiten. Dafür in einem großen Topf die Butter zerlassen. Das Gemüse darin auf mittlerer Stufe unter gelegentlichem Rühren etwa 4 Min. dünsten. Oregano, Paprika, Salz und Pfeffer untermischen. Die Brühe dazugießen und auf hoher Stufe zum Kochen bringen. Den Couscous hineinrühren, den Topf vom Herd nehmen und fest verschließen. Den Couscous etwa 5 Min. quellen lassen, bis alle Flüssigkeit aufgenommen ist. Den fertigen Gemüse-Couscous mit einer Gabel auflockern.

6. Die Lammschulter aus der Alufolie wickeln, das Küchengarn entfernen und das Fleisch quer zur Faser in Scheiben schneiden. Den Gemüse-Couscous auf Tellern verteilen und das Fleisch darauf anrichten. Den Fleischsaft, der beim Aufschneiden ausgetreten ist, darübergießen.

GEFLÜGEL

35 MIN.
Vorbereitungszeit
30–60 MIN.
Pökelzeit
1–2 STD.
Ziehzeit
1–1¼ STD.
Grillzeit

GERÄUCHERTE HÄHNCHENBRUST

MIT MOLE UND ZWIEBEL-ESCABECHE

Gerät: | **Rauchintensität:** ●●●

Für 6 Personen

6 Hähnchenbrustfilets (je 180–220 g)

FÜR DIE PÖKELLAKE
100 g grobes Meersalz
100 g brauner Zucker
1 l Eiswasser

FÜR DIE ESCABECHE
120 ml Rotweinessig
1½ TL grobes Meersalz
1 TL Zucker
¼ TL getrockneter Oregano
1 großzügige Prise grob gemahlener schwarzer Pfeffer
1 kleine rote Zwiebel, in feine Ringe geschnitten

FÜR DIE MOLE
1 EL Olivenöl
1 kleine Zwiebel (150 g), fein gewürfelt
1 Knoblauchzehe, fein gehackt
250 ml Tomatensauce
3 EL reines Chilipulver (vorzugsweise Ancho-Chilipulver)
¼ TL gemahlener Zimt
1 TL grobes Meersalz
300 ml Hühnerbrühe
5 EL dunkle Sultaninen ohne Kerne, grob gehackt
2 EL cremige Erdnuss- oder Mandelcreme
15 g Bitterschokolade (99 % Kakaoanteil), fein gehackt

FÜR DIE WÜRZMISCHUNG
2 TL edelsüßes Paprikapulver
¾ TL frisch gemahlener schwarzer Pfeffer
½ TL Zwiebelgranulat
½ TL Knoblauchgranulat

Öl
80 g Schafskäse (Feta), zerbröckelt

1 faustgroßer Apfel- oder Kirschholz-Chunk
Fleischthermometer

1. Die Hähnchenbrustfilets nacheinander zwischen zwei Gefrierbeutel oder zwei Bögen Backpapier legen und mit der glatten Seite eines Fleischklopfers oder einem Teigroller auf 2 cm flach klopfen.

2. Für die Pökellake in eine große Schüssel 1 l warmes Wasser gießen und darin Salz und Zucker unter Rühren auflösen. Das Eiswasser zugießen und rühren, bis die Eiswürfel geschmolzen sind. Die Hähnchenbrüste einlegen und die Schüssel 30–60 Min. kalt stellen. Anschließend das Hähnchenfleisch in der Lake wieder Raumtemperatur annehmen lassen (bis es in Schritt 6 zum Einsatz kommt).

3. Für die Escabeche in einer kleinen Schüssel Essig, Salz, Zucker, Oregano und Pfeffer mit 120 ml Wasser verrühren, bis Salz und Zucker aufgelöst sind. Die Zwiebelringe mit der Essigmarinade mischen. Bei Raumtemperatur 1–2 Std. ziehen lassen, dabei ab und zu durchrühren.

4. Für die Mole in einem kleinen Topf das Öl auf mittlerer Stufe erhitzen. Darin die Zwiebel mit dem Knoblauch in etwa 3 Min. unter gelegentlichem Rühren glasig dünsten. Die Tomatensauce 3 Min. mitgaren, dabei ab und zu umrühren. Chilipulver, Zimt und Salz etwa 30 Sek. unterrühren, bis die Gewürze aromatisch duften. Die Brühe zugießen, Sultaninen und Erdnusscreme einrühren und aufkochen. Dann die Hitze auf kleine Stufe stellen und die Sauce im offenen Topf 15–20 Min. köcheln lassen, bis sie etwas andickt. Den Topf vom Herd nehmen und die Schokolade unterrühren, bis sie geschmolzen ist. Die Sauce im Topf mit einem Stabmixer pürieren (oder portionsweise im Standmixer bei halb geöffnetem Deckel, damit der heiße Dampf austreten kann). Die Mole abgedeckt warm halten.

5. Die Wasserschale des Räuchergrills mit Alufolie auskleiden. Den Räuchergrill für indirekte schwache Hitze (120 bis 135 °C) vorbereiten (siehe Seite 22–23); in die Wasserschale kein Wasser gießen.

6. In einer kleinen Schüssel die Zutaten für die Würzmischung vermengen. Die Hähnchenbrüste aus der Lake nehmen (die Lake weggießen) und mit Küchenpapier trockentupfen. Das Fleisch dünn mit Öl bestreichen und auf beiden Seiten mit der Würzmischung bestreuen.

7. Den Chunk auf die Glut geben. Den Grillrost mit der Bürste säubern. Die Hähnchenbrüste über ***indirekter mittlerer Hitze*** bei geschlossenem Deckel 40–45 Min. grillen, bis sich das Fleisch fest anfühlt und auch im Kern nicht mehr rosa ist. Vom Grill nehmen und 3 Min. ruhen lassen, dann in Scheiben schneiden. Die eingelegten Zwiebeln abgießen und abtropfen lassen. Die warmen Hähnchenbrustscheiben mit Zwiebeln garnieren, mit Schafskäse bestreuen und servieren. Dazu die warme Sauce reichen.

TIPP

Die Wasserschale des Räuchergrills wird in diesem Rezept nicht mit Wasser gefüllt, damit die Temperatur in der Grillkammer ein wenig höher ist als üblich.

15 MIN.
Vorbereitungszeit
10–11 MIN.
Grillzeit

ENTENBRUST AUS DEM TEERAUCH

MIT PONZU-SAUCE

Gerät: | **Rauchintensität:** ●●●

Für 4 Personen

FÜR DIE WÜRZMISCHUNG
1½ TL Fünf-Gewürze-Pulver
1½ TL Knoblauchpulver
½ TL grobes Meersalz

4 Entenbrustfilets mit Haut (je 120–180 g)

50 g Schwarzteeblätter
3 EL brauner Zucker
50 g Reis

FÜR DIE SAUCE
80 ml Limettensaft
60 ml Sojasauce
2 EL Honig

große Einweg-Aluschale
Gusseisenpfanne (etwa 30 cm Ø)

TIPP

Ritzen Sie die Haut der Entenbrustfilets kreuzweise ein. Dadurch schmilzt das Fett unter der Haut besser und sie wird schön knusprig.

1. Die Zutaten für die Würzmischung in einer kleinen Schüssel vermengen. Mit einem scharfen Messer die Haut der Entenbrüste kreuzweise einritzen, dabei nicht ins Fleisch schneiden. Die Entenbrustfilets rundum gleichmäßig mit der Würzmischung einreiben.

2. Eine Zwei-Zonen-Glut für mittlere Hitze (175–230 °C) vorbereiten (siehe Seite 20–21). Die Einweg-Aluschale neben die Glut stellen und drei Viertel hoch mit Wasser füllen.

3. In einer kleinen Schüssel die Teeblätter mit dem Zucker und dem Reis mischen. Die Mischung auf ein Stück extrastarke Alufolie (35 x 60 cm) schütten. Die langen Seiten der Folie darüberschlagen, dann die kurzen Seiten locker so darüberfalten, dass ein Päckchen entsteht.

4. Die Saucenzutaten in einer kleinen Schüssel glatt rühren.

5. Den Grillrost mit der Bürste säubern. Die Gusseisenpfanne auf dem Grill über ***direkter mittlerer Hitze*** 5 Min. vorheizen. Die Entenbrustfilets mit der Haut nach unten in die Pfanne legen und die Haut in 2–3 Min. goldbraun und knusprig braten. Die Entenbrustfilets aus der Pfanne nehmen und beiseitestellen. Mit Grillhandschuhen die Pfanne vorsichtig vom Grill heben, das Fleisch herausnehmen und das Fett abgießen (es wird nicht mehr benötigt).

6. Das Tee-Reis-Päckchen mit der Öffnung nach oben auf die Glut legen. Sobald es zu rauchen beginnt, die Entenbrüste mit den Hautseiten nach oben über ***indirekte mittlere Hitze*** über die Aluschale legen. Den Grill schließen und die Entenbrustfilets bis zum gewünschten Gargrad grillen – nach etwa 8 Min. sind sie medium. Vom Grill nehmen und 3–4 Min. ruhen lassen. Mit der Sauce servieren.

25 MIN.
Vorbereitungszeit
MIND. 1 STD.
Kühlzeit
9–13 MIN.
Grillzeit

SANDWICHES
MIT HÄHNCHEN-SOUVLAKI UND ZAZIKI

Gerät: | **Rauchintensität:** ●●●

Für 6 Personen

FÜR DAS ZAZIKI
200 g griechischer Sahnejoghurt
70 g Salatgurke, geschält, geraspelt
2 EL Tahin (Sesampaste)
2 EL Zitronensaft
1 EL gehackte Dillspitzen
1 Knoblauchzehe, zerdrückt
grobes Meersalz
frisch gemahlener schwarzer Pfeffer

2 TL gemahlener Kreuzkümmel
2 TL gemahlener Koriander

4 Hähnchenbrustfilets (je etwa 170 g)
2 EL Olivenöl

6 Vollkorn-Pitataschen, aufgeschnitten
2 Handvoll in Streifen geschnittener Eisbergsalat
3 reife Eiertomaten, in dünne Scheiben geschnitten
½ rote Zwiebel, in dünne Ringe geschnitten

1 große Handvoll Eichenholz-Chips, mind. 30 Min. gewässert

TIPP

Übrig gebliebenes Zaziki ist ein prima Dip für Brot-Chips oder Gemüsesticks. Sie können es bis zu 3 Tage im Kühlschrank aufbewahren.

1. Für das Zaziki in einer Schüssel den Joghurt mit Gurke, Tahin, Zitronensaft, Dill und Knoblauch mischen; mit Salz und Pfeffer abschmecken. Abdecken und für mind. 1 Std. (bis zu 1 Tag) kalt stellen.

2. In einer kleinen Schüssel Kreuzkümmel, Koriander, ¾ TL Salz und ½ TL Pfeffer mischen. Die Hähnchenbrustfilets auf beiden Seiten mit dem Öl bestreichen und mit der Würzmischung einreiben.

3. Eine Zwei-Zonen-Glut für mittlere Hitze (175–230 °C) vorbereiten (siehe Seite 20–21).

4. Den Grillrost mit der Bürste säubern. Die Holz-Chips abtropfen lassen und auf die Glut geben. Den Grill schließen. Sobald die Chips zu rauchen beginnen, die Hähnchenbrustfilets mit der flachen Seite nach unten über ***direkter mittlerer Hitze*** bei geschlossenem Deckel 8–12 Min. grillen, dabei ein- bis zweimal wenden. Sobald sich das Fleisch fest anfühlt und beim Hineinstechen mit einer Messerspitze klarer Saft austritt, die Hähnchenfilets vom Grill nehmen und 3–5 Min. ruhen lassen; anschließend in 1 cm dicke Scheiben schneiden.

5. Die Pitabrote über ***direkter mittlerer Hitze*** bei geschlossenem Deckel etwa 1 Min. rösten, dabei einmal wenden. Vom Grill nehmen und aufdrücken. Mit Hähnchenfleisch, Zaziki, Salatstreifen, Tomatenscheiben und Zwiebelringen füllen und sofort servieren.

HÄHNCHENSCHENKEL
AUS DEM HICKORYRAUCH MIT BARBECUE-SAUCE

20 MIN. *Vorbereitungszeit*
45 MIN. *Grillzeit*

Gerät: | **Rauchintensität:** ●●●

Für 4 Personen

FÜR DIE WÜRZMISCHUNG
2 TL Paprikapulver
2 TL grobes Meersalz
½ TL Knoblauchgranulat
½ TL frisch gemahlener schwarzer Pfeffer

4 ganze Hähnchenschenkel,
(je etwa 300 g; in Ober- und Unterschenkel geteilt)

FÜR DIE BARBECUE-SAUCE
220 ml Ketchup
60 ml Apfelessig
1 EL brauner Zucker
1 EL Dijon-Senf
2 TL Tabasco

2 Handvoll Hickoryholz-Chips, mind. 30 Min. gewässert

TIPP

Die Hähnchenhaut wird besonders knusprig, wenn Sie sie während des Grillens immer wieder mit etwas Sauce bestreichen.

1. Alle Zutaten für die Würzmischung in einer kleinen Schüssel vermengen. Die Hähnchenteile rundum damit einreiben.

2. Den Grill für direkte und indirekte mittlere Hitze (175–230 °C) vorbereiten (siehe Seite 24–25).

3. In einem Topf alle Zutaten für die Barbecue-Sauce verrühren. Aufkochen und bei mittlerer Hitze unter gelegentlichem Rühren 6–8 Min. kochen lassen, bis die Sauce ein wenig angedickt ist.

4. Den Grillrost mit der Bürste säubern. Die Hähnchenteile zuerst mit den Hautseiten nach unten über ***direkter mittlerer Hitze*** bei geschlossenem Deckel 6–10 Min. grillen, bis sie goldbraun sind; dabei ab und zu wenden. Anschließend die Hähnchenteile über ***indirekte mittlere Hitze*** legen. Die Holz Chips abtropfen lassen und auf die Glut geben. Den Grill schließen und die Hähnchenschenkel etwa 35 Min. weitergrillen, bis beim Anstechen klarer Fleischsaft herausfließt und das Fleisch auch am Knochen nicht mehr rosa ist. Die Hähnchenteile während der letzten 20 Min. immer wieder mit der Sauce bestreichen und wenden. Vom Grill nehmen und 3–5 Min. ruhen lassen. Heiß oder warm mit der übrigen Sauce servieren.

TANDOORI-HÄHNCHEN
MIT MAIS UND TOMATEN-SALSA

30 MIN.
Vorbereitungszeit
6–8 STD.
Marinierzeit
ETWA 1¼ STD.
Grillzeit

Gerät: | **Rauchintensität:** ●●●

Für 6 Personen

FÜR DIE MARINADE
300 g griechischer Sahnejoghurt
1 kleine Zwiebel, gewürfelt
2 EL gehackter Ingwer
2 EL Zitronensaft
2 EL Currypulver
2 EL Paprikapulver
4 Knoblauchzehen, grob gewürfelt
2 TL grobes Meersalz
¼ TL Cayennepfeffer

6 Hähnchenschenkel ohne Haut (je etwa 300 g)

FÜR DIE SALSA
2 Maiskolben, ohne Hüllblätter
3 Eiertomaten, entkernt, in etwa 1 cm dicke Spalten geschnitten
60 g rote Zwiebelwürfel
2 EL gehacktes Koriandergrün
2 TL fein gehackter Ingwer
3 EL Apfelessig
2 TL Zucker
½ TL gemahlener Kreuzkümmel
½ TL gemahlener Koriander
¼ TL gemahlener Zimt
¼ TL Chiliflocken
¼ TL grobes Meersalz

2 große Handvoll Apfelholz-Chips, mind. 30 Min. gewässert
große Einweg-Aluschale

1. Die Zutaten für die Marinade in der Küchenmaschine pürieren. Die Hähnchenschenkel in eine große ofenfeste Form aus Glas oder Porzellan legen. Die Marinade dazugeben und die Hähnchenteile darin wenden. Zudecken und für 6–8 Std. in den Kühlschrank stellen, dabei die Schenkel einmal wenden.

2. Eine Zwei-Zonen-Glut für mittlere Hitze (175–230 °C) vorbereiten (siehe Seite 20–21). Den Grillrost mit der Bürste säubern. Die Maiskolben über ***direkter mittlerer Hitze*** bei geschlossenem Deckel 8–10 Min. grillen, bis die Kolben braune Flecken haben und die Körner weich sind. Maiskolben vom Grill nehmen und etwas abkühlen lassen. Anschließend die Körner von den Kolben schneiden und mit den restlichen Zutaten für die Salsa mischen. Die Salsa zudecken und mindestens 2 Std. kalt stellen.

3. Eine Zwei-Zonen-Glut für starke Hitze (230–290 °C) vorbereiten (siehe Seite 20–21). Die Aluschale neben die Glut stellen und drei Viertel hoch mit Wasser füllen.

4. Die Hähnchenschenkel aus der Marinade nehmen (anhaftende Marinade nicht entfernen). Den Grillrost mit der Bürste säubern. Die Holz-Chips abtropfen lassen und zur Glut geben. Den Grill schließen. Sobald Rauch aufsteigt, die Hähnchenschenkel mit den Knochenseiten nach unten über ***indirekter starker Hitze*** bei geschlossenem Deckel 30 Min. grillen. Danach die restlichen Holz-Chips abtropfen lassen und auf die Glut legen. Die Hähnchenschenkel bei geschlossenem Deckel noch 30 Min. weitergrillen. Zur Garprobe in die dickste Stelle der Schenkel stechen: Wenn der austretende Fleischsaft klar und das Fleisch am Knochen nicht mehr rosa ist, die Schenkel vom Grill nehmen. 3–5 Min. ruhen lassen. Mit der Salsa servieren.

TIPP

Die Hähnchenschenkel mit dem geringsten Abstand zur Glut garen schneller als die anderen. Deshalb sollte man die Hähnchenteile während des Grillens ein- bis zweimal auf dem Rost tauschen, damit alle gleichzeitig gar werden.

20 MIN.
Vorbereitungszeit
8–24 STD.
Marinierzeit
ETWA 16 MIN.
Grillzeit

WACHTELN MIT GRANATAPFEL-GLASUR

UND KIRSCH-WALNUSS-SALAT

Gerät: | **Rauchintensität:** ●●●

Für 4 Personen

FÜR DIE MARINADE
3 EL Granatapfelsirup ohne Zucker
3 EL Aceto balsamico
2 TL fein gehackter Thymian
¾ TL grobes Meersalz
½ TL Chiliflocken
250 ml Olivenöl

8 küchenfertige Wachteln, Wirbelsäulen und Flügelspitzen entfernt, die Vögel aufgeklappt
grobes Meersalz
frisch gemahlener schwarzer Pfeffer

FÜR DEN SALAT
1 Romanasalatherz, Blätter in dünne Streifen geschnitten
60 g getrocknete Sauerkirschen, grob gehackt
60 g Walnusskerne, grob gehackt

1 große Handvoll Weinstock-Chips, mind. 30 Min. gewässert

TIPP

Viele Marinaden lassen sich auch gut als Salatdressing verwenden. Dafür einen Teil der Marinade abnehmen und beiseitestellen. Verwenden Sie für eine Salatsauce aber auf keinen Fall Marinade, die mit rohem Fleisch in Berührung gekommen ist.

1. Für die Marinade in einer kleinen Schüssel den Granatapfelsirup mit Essig, Thymian, Salz und Chiliflocken verrühren. Langsam das Öl unterschlagen. 125 ml Marinade für den Salat abmessen und bis zur Verwendung in den Kühlschrank stellen. Die Wachteln in einen großen Gefrierbeutel geben und die restliche Marinade hinzufügen. Die Luft aus dem Beutel drücken und den Beutel dicht verschließen. Den Beutel hin und her drehen, um die Marinade zu verteilen. In eine Schüssel legen und 8–24 Std. kalt stellen, dabei ab und zu umdrehen.

2. Eine Zwei-Zonen-Glut für starke Hitze (230–290 °C) vorbereiten (siehe Seite 20–21).

3. Die Wachteln aus dem Beutel nehmen, die Marinade abtropfen lassen. Die Wachteln mit Salz und Pfeffer würzen. Den Grillrost mit der Bürste säubern. Die Weinstock-Chips abtropfen lassen, auf die Glut geben; den Deckel schließen. Sobald Rauch entsteht, die Wachteln mit den Brüsten nach oben über ***direkter starker Hitze*** bei geschlossenem Deckel etwa 15 Min. grillen. Mit einer Messerspitze in einen Schenkel stechen: Wenn das Fleisch nicht mehr rosa ist, ist es gar. Damit die Haut knusprig wird, die Wachteln mit der Haut nach unten über ***direkte starke Hitze*** legen und etwa 1 Min. grillen. Dabei einmal wenden. Vom Grill nehmen.

4. Salatstreifen, Kirschen und Walnüsse in einer großen Schüssel mit der beiseitegestellten Marinade mischen; den Salat mit Salz und Pfeffer würzen. Die Wachteln mit dem Salat servieren.

15 MIN.
Vorbereitungszeit
1¾–2¼ STD.
Grillzeit

CURRY-HÄHNCHEN

Gerät: | **Rauchintensität:** ●●●

Für 4 Personen

FÜR DIE WÜRZMISCHUNG
1 EL Zucker
1 EL grobes Meersalz
1 EL Currypulver
½ TL Knoblauchgranulat
¼ TL Cayennepfeffer

1 küchenfertiges großes Brathähnchen (etwa 2¼ kg)

125 g Butter, zerlassen

4 große Handvoll Apfelholz-Chips, mind. 30 Min. gewässert
Geflügelschere
Fleischthermometer

TIPP

Ein ganzes Hähnchen gleichmäßig zu grillen ist recht schwierig. Spalten Sie es deshalb und klappen Sie es vor dem Grillen auf, wie in Schritt 2 beschrieben. So ist es überall mehr oder weniger gleich dick.

1. Die Zutaten für die Würzmischung in einer kleinen Schüssel vermengen.

2. Das Hähnchen mit der Brust nach unten auf die Arbeitsfläche legen. Mit einer Geflügelschere vom Hals bis zum Bürzel links und rechts vom Rückgrat aufschneiden und die Wirbelsäule entfernen. Das knorpelige untere Ende des Brustbeins einschneiden. Das Hähnchen wenden und fest auf das Brustbein drücken, bis das Hähnchen flach liegen bleibt. Wieder umdrehen, mit den Fingern links und rechts am Brustbein entlangfahren und das Fleisch lösen. Das Brustbein fassen, mit dem Knorpel herausziehen und wegwerfen. Das Hähnchen ist nun ganz flach. Rundum mit der Würzmischung einreiben.

3. Den Grill für schwache Hitze (120–175 °C) vorbereiten (siehe Seite 24–25).

4. Den Grillrost mit der Bürste säubern. Sobald die Temperatur bei 160 °C liegt, 2 Handvoll Holz-Chips in die Räucherbox des Gasgrills geben (Herstellerangaben beachten); den Grill schließen. Sobald die Holz-Chips zu rauchen beginnen, das Hähnchen mit der Innenseite nach unten über ***indirekter schwacher Hitze*** bei geschlossenem Deckel 1¾–2¼ Std. grillen. Dabei das Hähnchen alle 30 Min. mit zerlassener Butter bestreichen. Nach den ersten 30 Min. die restlichen Holz-Chips abtropfen lassen und zur Glut geben. Am Ende der Grillzeit das Fleischthermometer in einen Hähnchenschenkel stecken, ohne dass es den Knochen berührt. Wenn die Temperatur etwa 75 °C beträgt und der austretende Fleischsaft klar ist, ist das Hähnchen gar. Das Hähnchen vom Grill nehmen und 5–10 Min. ruhen lassen (dabei steigt die Kerntemperatur noch um 2–5 °C).

5. Das Hähnchen portionieren und warm servieren.

1 STD.
Vorbereitungszeit
3–4 STD.
Trocknungszeit
ETWA 1¼ STD.
Grillzeit

ROTISSERIE-ENTENBRATEN

Gerät: | **Rauchintensität:** ●●●

Für 4 Personen

1 küchenfertige Ente (vorzugsweise Pekingente; etwa 2½ kg)
2 EL grobes Meersalz
3 EL chinesische Sojabohnenpaste | **3 EL** dunkle Sojasauce
3 EL Honig | **2 EL** Shaoxing-Reiswein oder Sake
1 EL helle Sojasauce | **1½ TL** gemahlener Szechuanpfeffer
1 EL geröstetes Sesamöl
6 Knoblauchzehen, gehackt
2 EL fein gehackter Ingwer
6 Frühlingszwiebeln, in 5 cm lange Stücke geschnitten
1 EL fein abgeriebene Schale von **1** Bio-Orange
2 EL frisch gepresster Orangensaft

Holzspieß | elektrischer Ventilator
Küchengarn | große Einweg-Aluschale
Drehspieß für Holzkohlegrill
2 große Handvoll Kirschholz-Chips, mind. 30 Min. gewässert
Fleischthermometer

1. An der Bauchöffnung der Ente die groben Fettstücke entfernen. Die Ente innen und außen mit Salz würzen und bei Raumtemperatur 20 Min. ruhen lassen. Anschließend innen und außen unter fließendem kaltem Wasser abspülen und mit Küchenpapier gut trockentupfen. Auf einem Küchengitter auf ein Backblech setzen.

2. In einer kleinen Schüssel die Sojabohnenpaste mit dunkler Sojasauce, 2 EL Honig, Reiswein, Sojasauce und Szechuanpfeffer verrühren. In einer großen beschichteten Pfanne das Sesamöl auf mittlerer bis hoher Stufe erhitzen. Knoblauch, Ingwer und Frühlingszwiebeln unter Rühren 30 bis 45 Sek. im heißen Öl andünsten, bis es aromatisch duftet. Die Sojabohnenmischung in die Pfanne geben und aufkochen lassen. Die Hitze auf mittlere Stufe stellen und die Mischung etwa 3 Min. köcheln lassen, bis sie etwas angedickt ist. Vom Herd nehmen und die Orangenschale unterrühren. Auskühlen lassen.

3. Mit einem scharfen Messer die Haut der Ente auf der Brust, am Rücken und auf den Keulen jeweils im Abstand von 1 cm rautenförmig einschneiden. Schneiden Sie dabei durch Haut und darunterliegende Fettschicht, aber nicht ins Fleisch, sonst trocknet es während des Grillens aus. Die Bauchhöhle mit der Sojabohnenmischung füllen und durch die seitlichen Hautlappen mit dem Holzspieß verschließen.

4. In einer zweiten kleinen Schüssel 1 EL Honig mit dem Orangensaft glatt rühren und die Ente rundherum damit bepinseln. An einem kühlen Ort die Haut der Ente mithilfe des Ventilators 3–4 Std. trocknen; die Ente dabei jede Stunde wenden. Stellen Sie sicher, dass der Luftstrom des Ventilators direkt auf den Entenbraten trifft.

5. Den Grill für Rotisserie-Grillen über indirekter schwacher bis mittlerer Hitze (150–175 °C) vorbereiten (Herstellerangaben beachten). Die große Einweg-Aluschale zwischen die beiden Kohlehaufen stellen, sodass sie direkt unter der Ente liegt und herabtropfendes Fett auffangen kann.

6. Mit Küchengarn Keulen und Flügel behutsam so an den Entenkörper binden, dass sie später auf dem Drehspieß nicht herunterhängen. Nicht zu fest anbinden, sonst wird die Haut darunter nicht knusprig. Eine der Grillgabeln mit den Zinken nach innen auf den Drehspieß ziehen und 25 cm vom Spießende entfernt sichern, die Schraube aber noch nicht festziehen. Die Ente der Länge nach mittig auf den Drehspieß stecken und behutsam auf die Zinken der Grillgabel drücken, bis diese tief im Fleisch verankert sind. Die zweite Grillgabel mit den Zinken nach innen aufziehen und die Zinken ebenfalls fest ins Fleisch drücken. Die Gabel sichern, aber noch nicht festziehen. Mit Grillhandschuhen den Spieß einhängen. Bei Bedarf die Ente genau über der Tropfschale ausrichten, dann die Schrauben festziehen und den Motor einschalten.

7. Von den Räucherchips 1 Handvoll abtropfen lassen, auf der Glut verteilen und den Grilldeckel schließen. Die Ente über ***indirekter schwacher bis mittlerer Hitze*** etwa 1¼ Std. grillen, dabei nach 30 Min. die restlichen Chips auf die Glut geben, bis die Haut der Ente tief mahagonifarben ist und das in die dickste Stelle einer Keule gesteckte Fleischthermometer (ohne den Knochen zu berühren) eine Kerntemperatur von 75 °C anzeigt.

8. Den Motor ausschalten und den Spieß mit Grillhandschuhen herausheben. Die Haltezinken lösen, den Vogel vom Spieß ziehen und auf ein Schneidebrett legen. Den Holzspieß entfernen und den in der Bauchhöhle angesammelten Fleischsaft in eine Schüssel gießen. Die Ente 10 Min. ruhen lassen; in dieser Zeit den Fleischsaft entfetten. Die Ente tranchieren; achten Sie beim Tranchieren darauf, dass die knusprige Haut nicht mit dem austretenden Fleischsaft in Berührung kommt. Sofort servieren und den entfetteten Fleischsaft dazu reichen.

GERÄUCHERTE PUTENBRUST
MIT HONIG-SENF

15 MIN. *Vorbereitungszeit*
5 STD. *Pökelzeit*
12–16 STD. *Kühlzeit*
ETWA 4 STD. *Grillzeit*

Gerät: | **Rauchintensität:** ●●●

Für 8 Personen

FÜR DIE PÖKELLAKE
100 g grobes Meersalz
170 g Honig
2 TL getrockneter Rosmarin
2 TL getrockneter Salbei
1½ TL getrockneter Majoran
1 TL schwarze Pfefferkörner
2 Lorbeerblätter

1 Putenbrust mit Haut und Knochen (etwa 2½ kg)

FÜR DEN HONIG-SENF
125 g Dijon-Senf
3 EL Honig
2 EL brauner Zucker

6 Apfelholz-Chunks
Fleischthermometer

TIPP

Falls von der geräucherten Putenbrust etwas übrig bleiben sollte, können Sie diese in dünne Scheiben schneiden und als Aufschnitt oder Salatzutat verwenden.

1. In einer großen säurefesten Schüssel 2 l Wasser und die Zutaten für die Pökellake verrühren, bis das Salz aufgelöst ist. Die Putenbrust hineinlegen und mit einem Teller beschweren, damit sie vollständig mit Lake bedeckt bleibt. Für 5 Std. in den Kühlschrank stellen.

2. Die Putenbrust aus der Lake nehmen. Unter fließend kaltem Wasser abspülen und gründlich trockentupfen. Einen Ofenrost auf ein tiefes Backblech oder eine entsprechende Bratform setzen. Die Putenbrust auf den Rost legen und nicht abgedeckt für 12–16 Std. in den Kühlschrank stellen, damit die Haut antrocknet.

3. Den Räuchergrill für indirekte sehr schwache Hitze (95–120 °C) vorbereiten (siehe Seite 22–23).

4. In einer kleinen Schüssel den Senf mit Honig und Zucker verrühren, bis der Zucker aufgelöst ist. Abdecken und bis zum Servieren beiseitestellen.

5. Den Grillrost mit der Bürste säubern. 2 Chunks auf die Glut geben und den Grill schließen. Sobald Rauch entsteht, die Putenbrust über ***indirekter sehr schwacher Hitze*** bei geschlossenem Deckel etwa 4 Std. grillen. Dabei jeweils nach der ersten und zweiten Stunde je 2 Chunks nachlegen. Wenn die Haut dunkelbraun ist, das Thermometer in die dickste Stelle der Brust stecken, dabei nicht den Knochen berühren lassen. Zeigt es etwa 75 °C an, ist das Fleisch auch am Knochen gar. Zwischendurch vorgeglühte Briketts nachlegen, um die Hitze im Grill zu halten. Den fertigen Putenbraten vom Grill nehmen und 5–10 Min. ruhen lassen.

6. Die Putenbrust entlang des Brustbeins längs in zwei Hälften vom Brustkorb schneiden. Die Hälften vom Brustbein klappen und mit einem scharfen Messer vorsichtig von den Rippen lösen. Jede Hälfte quer zur Faser in Scheiben schneiden. Das Fleisch warm mit dem Honig-Senf servieren.

15 MIN.
Vorbereitungszeit
2 STD.
Pökelzeit
ETWA 3 STD.
Grillzeit

CHILISCHARFE PUTEN-DRUMSTICKS

Gerät: | **Rauchintensität:** ●●●

Für 8 Personen

FÜR DIE PÖKELLAKE
1 l helles Bier
100 g grobes Meersalz
110 g brauner Zucker
Eiswürfel

8 Putenunterschenkel (je etwa 350 g)

FÜR DIE WÜRZMISCHUNG
4 EL Cayennepfeffer
2 TL getrockneter Oregano
1 TL Knoblauchgranulat
1 TL gemahlener Kreuzkümmel

6 Mesquiteholz-Chunks
Fleischthermometer

TIPP

Putenschenkel haben dunkles, saftiges Fleisch, das besonders gut zum Grillen geeignet ist. Falls Sie für dieses Rezept keine Putenunterschenkel bekommen, können Sie stattdessen Oberschenkel nehmen.

1. Für die Pökellake in einer säurefesten Schüssel das Bier mit Salz und Zucker verrühren, bis beide aufgelöst sind. 800 ml kaltes Wasser mit Eiswürfeln dazugießen und rühren, bis das Eis fast geschmolzen ist. Die Putenschenkel in die Lake legen und mit einer Platte beschweren, damit sie von Lake bedeckt bleiben. Abgedeckt 2 Std. kalt stellen.

2. Die Zutaten für die Würzmischung in einer kleinen Schüssel vermengen.

3. Den Räuchergrill für indirekte sehr schwache Hitze (95 bis 120 °C) vorbereiten (siehe Seite 22–23). Sobald die Temperatur 110 °C erreicht hat, 2 Chunks auf die Glut legen.

4. Die Putenschenkel aus der Lake nehmen, kalt abspülen, trockentupfen und mit der Würzmischung einreiben.

5. Den Grillrost mit der Bürste säubern. Die Putenschenkel über ***indirekter sehr schwacher Hitze*** bei geschlossenem Grilldeckel etwa 3 Std. grillen. Bei Bedarf vorgeglühte Holzkohle nachlegen, um die Hitze zu halten. Nach der ersten und zweiten Stunde jeweils 2 Chunks auf die Glut geben. Für die Garprobe das Fleischthermometer in den dicksten Teil der Schenkel stecken (dabei aber nicht den Knochen berühren). Zeigt es etwa 80 °C an und tritt klarer Fleischsaft aus, ist das Fleisch gar.

6. Die Putenschenkel vom Grill nehmen und 5–10 Minuten ruhen lassen; anschließend sofort servieren. Nach Belieben Mais und Tomaten dazu reichen.

FISCH & MEERESFRÜCHTE

30 MIN.
Vorbereitungszeit
ETWA 45 MIN.
Grillzeit

MEERESFRÜCHTE VOM GRILL

Gerät: | **Rauchintensität:** ●●●

Für 4 Personen

24 sehr kleine Frühkartoffeln (etwa 700 g)
1 EL und **2 TL** Olivenöl
4 Maiskolben, ohne Hüllblätter
250 g Butter
50 kleine junge Quahog-Muscheln (Littlenecks), abgespült und abgebürstet
200 ml helles Bier
4 Hummerschwänze (je etwa 125 g), der Länge nach halbiert
500 g Riesengarnelen mit Schale, entdarmt

grobes Meersalz
frisch gemahlener schwarzer Pfeffer
2 Bio-Zitronen, geviertelt

große Einweg-Aluschale
1 große Handvoll Erlen- oder Ahornholz-Chips, mind. 30 Min. gewässert

1. Eine Zwei-Zonen-Glut für starke Hitze (230–290 °C) vorbereiten (siehe Seite 20–21). Den Backofen auf 100 °C vorheizen.

2. Die Kartoffeln in einer Schüssel mit 1 EL Olivenöl mischen. Danach in extrastarke Alufolie verpacken, die Ränder der Folie dabei fest zusammenfalten. Die Maiskolben einzeln in Alufolie wickeln.

3. Die Kartoffeln im Päckchen über ***direkte starke Hitze*** legen und bei geschlossenem Deckel 20 Min. garen. Das Paket vorsichtig wenden, die Folie dabei nicht verletzen. Die eingewickelten Maiskolben dazulegen und alles bei geschlossenem Deckel über ***direkter starker Hitze*** 15 Min. garen, bis Kartoffeln und Maiskörner weich sind, die Kolben dabei drei- bis viermal wenden. Das Päckchen mit den Kartoffeln und die eingewickelten Maiskolben auf ein Backblech legen und im 100 °C heißen Backofen warm halten.

4. Die gesamte Glut in der Mitte des Kohlerost zum sogenannten Bullauge aufhäufen (die Ränder bleiben also frei) und so viel Holzkohle hinzufügen, dass wieder starke Hitze erreicht wird. Die Holzkohle etwa 15 Min. vorglühen lassen, bis sie von einer feinen Ascheschicht überzogen ist.

5. In der Zwischenzeit die Butter in einem kleinen Topf mit schwerem Boden auf mittlerer Stufe heiß werden lassen, bis sie flüssig ist und brodelt. Die flüssige Butter in einen hitzefesten Messbecher gießen; nach 5 Min. den Schaum von der Oberfläche abschöpfen. Die klare Butter auf vier Auflaufförmchen verteilen, den weißen Bodensatz dabei im Messbecher zurücklassen. Die Förmchen zum Warmhalten in den Backofen stellen.

6. Die Muscheln in die Aluschale geben und das Bier dazugießen. Die Schale fest mit Alufolie verschließen. Das Hummerfleisch und die Garnelen mit den restlichen 2 TL Öl bestreichen.

7. Die Chips abtropfen lassen und auf die Glut geben. Die Schale mit den Muscheln über ***direkte starke Hitze*** stellen. Hummerschwänze (mit den Fleischseiten nach unten) und Garnelen über ***indirekte starke Hitze*** legen. Den Grilldeckel schließen und die Meeresfrüchte grillen, bis die Muscheln sich geöffnet haben (geschlossene Exemplare wegwerfen), das Hummerfleisch weiß und fest, aber noch saftig ist, und die Garnelen nicht mehr glasig sind. Die Schale während der Grillzeit nach 5 Min. schwenken, um die Muscheln darin umzuverteilen; Hummerschwänze und Garnelen ein- bis zweimal wenden. Muscheln und Hummer sind nach etwa 10 Min. gar, die Garnelen nach nur 3–5 Min. Fertig gegarte Meeresfrüchte vom Grill nehmen.

8. Kartoffeln, Maiskolben und Muscheln jeweils in eine Schüssel geben. Hummer und Garnelen auf einer Platte anrichten. Kartoffeln und Mais salzen und pfeffern. Alles sofort mit der zerlassenen Butter in den Auflaufförmchen und den Zitronenvierteln servieren.

TIPP

Zum Vorbereiten der Hummerschwänze die Panzer auf den Unterseiten mit der Küchenschere aufschneiden. Die Schwänze umdrehen und die härteren Rückenpanzer jeweils bis zur Schwanzflosse durchschneiden. Die Schwänze längs halbieren, dabei durch die bereits entstandenen Öffnungen schneiden.

GARNELEN-TACOS

MIT CHILICREME

20 MIN.
Vorbereitungszeit
5–7 MIN.
Grillzeit

Gerät: | **Rauchintensität:** ●●●

Für 4 Personen

FÜR DIE CHILICREME

1 Chipotle-Schote in Adobo-Sauce (getrocknete, geräucherte Jalapeño-Chili aus der Dose), entstielt, entkernt, gehackt
1½ TL Adobo-Sauce (aus der Dose)
½ TL zerdrückter Knoblauch
50 g Schmand

1 kleiner Romanasalat, Strunk entfernt, Blätter in Streifen geschnitten
2 vollreife Tomaten, entkernt, gewürfelt
½ kleine Salatgurke, gewürfelt
30 g Korianderblätter

1 EL Olivenöl
½ TL grobes Meersalz
¼ TL frisch gemahlener schwarzer Pfeffer
500 g Garnelen, geschält und entdarmt

12 Mais- oder Weizentortillas (je etwa 15 cm Ø)
2 Limetten, in Spalten geschnitten

1 große Handvoll Mesquiteholz-Chips, mind. 30 Min. gewässert
gelochte Grillpfanne

1. Eine Zwei-Zonen-Glut für mittlere Hitze (175–230 °C) vorbereiten (siehe Seite 20–21). Die Grillpfanne auf dem Rost vorheizen.

2. Die Chipotle in einer kleinen Schüssel mit der Adobo-Sauce und dem Knoblauch zerdrücken. Den Schmand unterrühren. Die Creme abschmecken; falls nötig, mit Chipotle oder Sauce nachwürzen.

3. Die Salatstreifen in einer großen Schüssel mit Tomaten, Gurke und Korianderblättern mischen.

4. Das Olivenöl in einer Schüssel mit Salz und Pfeffer verquirlen. Die Garnelen darin wenden.

5. Die Holz-Chips abtropfen lassen und auf die Glut geben. Die Garnelen nebeneinander in die Grillpfanne legen und über ***direkter mittlerer Hitze*** bei geschlossenem Deckel 4–6 Min. grillen, bis sie fest und nicht mehr glasig sind, dabei einmal wenden. Auf eine Servierplatte legen.

6. Die Tortillas über ***direkter mittlerer Hitze*** auf jeder Seite etwa 15 Sek. erwärmen. Vom Grill nehmen und mit der Salatmischung, den Garnelen sowie etwas Chilicreme füllen; sofort mit den Limettenvierteln servieren.

TIPP

Bei Tortillas gibt es große Qualitätsunterschiede. Wenn Sie eine Sorte gefunden haben, die Ihnen schmeckt, dann bleiben Sie dabei. Oft weichen Tortillas rasch durch, nachdem Garnelen und Creme hineingefüllt wurden. Das lässt sich verhindern, indem Sie zwei Tortillas aufeinanderlegen und darauf die Füllung geben.

FETTUCCINE ALLA CARBONARA

MIT GERÄUCHERTEM FORELLENFILET, BACON UND SPARGEL

35 MIN.
Vorbereitungszeit
8–10 MIN.
Grillzeit

Gerät: | **Rauchintensität:** ●●●

Für 4–6 Personen

2 große Lachsforellenfilets mit Haut (je etwa 250 g)
1 EL Olivenöl
¾ TL grobes Meersalz
¾ TL frisch gemahlener schwarzer Pfeffer
350 g Fettuccine-Nudeln
3 Eier (Größe L)
100 g Parmesan, frisch gerieben
150 g Kochsahne (15 % Fettgehalt)
6 dicke Scheiben Bacon (180–250 g), in Stücke geschnitten
1 mittelgroße Zwiebel, fein gewürfelt
2 Knoblauchzehen, fein gehackt
350 g grüner Spargel, geputzt, in 4 cm lange Stücke geschnitten

1 große Handvoll Eichenholz-Chips, mind. 30 Min. gewässert

1. Eine Zwei-Zonen-Glut für mittlere Hitze (175–230 °C) vorbereiten (siehe Seite 20–21).

2. Den Grillrost mit der Bürste säubern. Haut und Fleisch der Forellenfilets mit dem Öl bepinseln, das Fleisch mit je ¼ TL Salz und Pfeffer würzen. Die Räucherchips abtropfen lassen, auf der Glut verteilen und den Grilldeckel schließen. Sobald Rauch entsteht, die Fischfilets mit der Hautseite nach unten über ***indirekter mittlerer Hitze*** bei geschlossenem Deckel 8–10 Min. grillen, dabei aber nicht wenden, bis das Fischfleisch auch im Kern nicht mehr glasig ist und bei der Gabelprobe blättrig zerfällt. Vom Grill nehmen und einige Minuten abkühlen lassen. Die Filets von der Haut abheben, die Haut wegwerfen. Das Fischfleisch in mundgerechte Stücke zerpflücken.

3. Auf dem Herd reichlich Salzwasser in einem großen Topf auf hoher Stufe erhitzen und die Nudeln nach Packungsanweisung darin garen. Abgießen und abtropfen lassen.

4. Inzwischen in einer mittelgroßen Schüssel die Eier mit Parmesan, Kochsahne und je ½ TL Salz und Pfeffer verquirlen. Eine große beschichtete Pfanne 2 Min. auf mittlerer Stufe erhitzen und darin den Bacon unter häufigem Rühren 5–6 Min. braten, bis er zu bräunen beginnt. Zwiebelwürfel zufügen und in 3–4 Min. etwas Farbe annehmen lassen. Den Knoblauch 2 Min. mitdünsten. Den Spargel dazugeben und in der verschlossenen Pfanne 2–4 Min. garen, bis die Stücke leuchtend grün und knackig-zart sind. Die Nudeln untermengen und 1 Min. durchwärmen. Die Eimischung darübergießen, die Pfanne vom Herd nehmen und alles gut vermengen, bis die Nudeln mit Sauce überzogen sind und die Sauce angedickt ist. Behutsam die geräucherten Forellenstücke unterheben und sofort servieren.

15 MIN.
Vorbereitungszeit
1–4 STD.
Marinierzeit
10–12 MIN.
Grillzeit

FORELLE VOM RÄUCHERBRETT

MIT FENCHEL-MEERRETTICH-CREME

Gerät: | **Rauchintensität:** ●●●

Für 4 Personen

FÜR DIE FORELLEN
4 EL Olivenöl
2 EL gehackte glatte Petersilie
1 EL gehacktes Fenchelgrün
abgeriebene Schale von **1** Bio-Zitrone
4 küchenfertige Forellen (je 200–250 g), aufgeklappt und die Mittelgräten entfernt
½ TL grobes Meersalz
¼ TL frisch gemahlener schwarzer Pfeffer

FÜR DIE CREME
180 g Schmand
3 EL Meerrettich (Glas), überschüssige Feuchtigkeit ausgedrückt
2 TL frisch gepresster Zitronensaft
4 EL fein gewürfelter Fenchel
1 EL fein gehacktes Fenchelgrün
½ TL grobes Meersalz

2 große Räucherbretter aus naturbelassenem Zedernholz (40 x 19,5 cm), mind. 2 Std. gewässert
1 kleine Handvoll Apfelholz-Chips, mind. 30 Min. gewässert

1. Für die Forellen in einer großen Schüssel das Öl mit Petersilie, Fenchelgrün und Zitronenschale verrühren. Die aufgeklappten Fische hineinlegen und in der Marinade wenden. Abgedeckt 1–4 Std. im Kühlschrank marinieren.

2. Inzwischen in einer kleinen Schüssel die Zutaten für die Creme mischen und die Fenchel-Meerrettich-Creme bis zum Servieren kalt stellen.

3. Eine geteilte Drei-Zonen-Glut für schwache bis mittlere Hitze (175–190 °C) vorbereiten (siehe Seite 13 und 20–21); jeweils die Hälfte der glühenden Kohlen an der linken bzw. rechten Seite des Kohlerost anhäufen, die Mitte frei lassen.

4. Die Räucherbretter über ***direkter schwacher bis mittlerer Hitze*** bei geschlossenem Deckel 4–6 Min. ankohlen, anschließend über ***indirekte schwache bis mittlere Hitze*** legen. Die Holz-Chips abtropfen lassen, auf der Glut verteilen und den Grilldeckel schließen. Sobald Rauch entsteht, je 2 aufgeklappte Fische mit der Hautseite nach unten nebeneinander auf jeweils ein Räucherbrett legen, die Fische salzen und pfeffern. Bei geschlossenem Deckel 10–12 Min. grillen, bis bei der Gabelprobe das Fischfleisch blättrig zerfällt. Auf den Brettern vom Grill nehmen und auf Serviertellern anrichten. Sofort mit der Fenchel-Meerrettich-Creme servieren.

FORELLEN IM SCHINKENMANTEL

MIT SPINAT-PINIENKERN-FÜLLUNG

40 MIN. *Vorbereitungszeit*
12–16 MIN. *Grillzeit*

Gerät: | **Rauchintensität:** ●●●

Für 4 Personen

FÜR DIE FÜLLUNG
1 EL Olivenöl
2 EL feine Schalottenwürfel
300 g junger Blattspinat
50 g frische Brotkrumen
40 g Rosinen, gehackt
2 EL Pinienkerne, geröstet
2 EL frisch geriebener Parmesan
1 TL gehackter Rosmarin
2 EL trockener Weißwein oder Wermut
grobes Meersalz
frisch gemahlener schwarzer Pfeffer

4 küchenfertige Forellen (je 350–400 g), aufgeklappt und die Mittelgräten entfernt
16 dünne Scheiben luftgetrockneter Schinken (etwa 250 g)

1 Bio-Zitrone, geviertelt

1 Handvoll Ahorn- oder Eichenholz-Chips, mind. 30 Min. gewässert

TIPP

Rösten Sie die Pinienkerne in einer Pfanne ohne Fett bei mittlerer Hitze etwa 2 Min., bis sie hellbraun sind. Anschließend die Kerne sofort auf einen Teller geben und abkühlen lassen.

1. Eine Zwei-Zonen-Glut für mittlere Hitze (175–230°C) vorbereiten (siehe Seite 20–21).

2. Für die Füllung das Öl in einer großen Pfanne auf dem Herd auf mittlerer Stufe heiß werden lassen. Die Schalottenwürfel darin unter gelegentlichem Rühren in etwa 3 Min. glasig dünsten. Den Spinat hinzufügen und in der verschlossenen Pfanne zusammenfallen lassen. Vom Herd nehmen und abkühlen lassen.

3. Den Spinat grob hacken und mit den Schalottenwürfeln in eine Schüssel geben. Brotkrumen, Rosinen, Pinienkerne, Käse und Rosmarin untermischen. Den Wein unterrühren und die Füllung mit Salz und Pfeffer abschmecken. Forellen mit der Spinatmischung füllen und zusammenklappen.

4. Auf einer Arbeitsfläche 4 Schinkenscheiben überlappend nebeneinanderlegen. 1 Forelle auf eine Schmalseite legen und in den Schinken einrollen. Mit den restlichen Forellen genauso verfahren.

5. Den Grillrost mit der Bürste säubern. Die Holz-Chips abtropfen lassen und auf die Glut geben. Den Grill schließen. Sobald die Chips zu rauchen beginnen, die Forellen jeweils mit der Naht des Schinkenmantels nach unten über ***direkte mittlere Hitze*** legen und bei geschlossenem Deckel 6–8 Min. grillen, bis die Seite des Schinkens, die auf dem Rost liegt, hellbraun und knusprig ist. Die Forellen wenden und bei geschlossenem Deckel weitere 6–8 Min. grillen, bis der Schinken knusprig ist und die Forellen gar sind. Vom Grill nehmen und sofort mit den Zitronenvierteln servieren.

20 MIN.
Vorbereitungszeit
5–12 MIN.
Grillzeit

RÄUCHERHERING MIT ZWIEBELN

Gerät: | **Rauchintensität:** ●●●

Für 4 Personen

8 küchenfertige Atlantik-Heringe (je etwa 150 g)
2 große Zwiebeln, quer in gut 1 cm dicke Scheiben geschnitten
Öl

4 Scheiben Pumpernickel
gehackte glatte Petersilie
körniger Senf
saure Sahne

2 große Handvoll Apfelholz-Chips, mind. 30 Min. gewässert

TIPP

Die Fische werden aufgeschnitten, aber nicht filetiert, sodass zwei Filets an der Schwanzflosse zusammenhängen. Einzelne Filets würden zu schnell garen.

1. Eine Zwei-Zonen-Glut für mittlere Hitze (175–230°C) vorbereiten (siehe Seite 20–21).

2. Die Heringe aufklappen, Köpfe und Mittelgräten entfernen, die Schwanzflossen belassen. Heringe und Zwiebelscheiben jeweils auf beiden Seiten dünn mit Öl bestreichen.

3. Den Grillrost mit der Bürste säubern. Die Räucherchips abtropfen lassen und auf die Glut geben; den Grill schließen. Sobald die Chips zu rauchen beginnen, die Heringe mit den Hautseiten nach unten auf den Rost legen und bei geschlossenem Deckel über ***indirekter mittlerer Hitze*** je nach Dicke der Filets 5–10 Min. grillen, bis sie durchgegart sind, dabei nicht wenden. Gleichzeitig die Zwiebelscheiben über ***direkter mittlerer Hitze*** 8–12 Min. grillen, bis sie weich und schön gebräunt sind, dabei ein- bis zweimal wenden. Heringe und Zwiebelscheiben vom Grill nehmen.

4. Heringe und Zwiebelscheiben auf den Pumpernickelscheiben anrichten, mit Petersilie bestreuen und sofort servieren. Senf und saure Sahne zum Bestreichen der Brote dazu reichen.

THUNFISCH AUS DEM ERLENRAUCH

MIT KARTOFFELN UND KAPERN

25 MIN.
Vorbereitungszeit
7–8 MIN.
Grillzeit

Gerät: | **Rauchintensität:** ●●●

Für 4 Personen

4 Thunfischsteaks (je etwa 180 g schwer und 2½ cm dick)
Olivenöl
1 TL grobes Meersalz
½ TL frisch gemahlener schwarzer Pfeffer
700 g kleine Kartoffeln, gewaschen, abgebürstet und halbiert

FÜR DAS DRESSING
6 EL Schnittlauchröllchen
4½ EL Olivenöl
1½ EL Sherry-Essig
1½ EL abgetropfte Kapern
2 TL Dijon-Senf
¾ TL grobes Meersalz
¼ TL frisch gemahlener schwarzer Pfeffer

Zitronenspalten zum Servieren

2 große Handvoll Erlenholz-Chips, mind. 30 Min. gewässert

1. Eine Zwei-Zonen-Glut für mittlere Hitze (175–200 °C) vorbereiten (siehe Seite 20–21).

2. Die Thunfischsteaks auf beiden Seiten mit Öl bestreichen, salzen und pfeffern.

3. Den Grillrost mit der Bürste säubern. Die Räucherchips abtropfen lassen, auf der Glut verteilen und den Deckel schließen. Sobld die Chips zu rauchen beginnen, die Fischsteaks über ***direkter mittlerer Hitze*** bei geschlossenem Deckel 7–8 Min. grillen, bis sie auch im Kern gerade nicht mehr glasig sind, dabei einmal wenden. Vom Grill nehmen.

4. Inzwischen die Kartoffeln in einem großen Topf mit Salzwasser bedecken und das Wasser im verschlossenen Topf auf hoher Stufe aufkochen. Anschließend die Hitze auf kleine bis mittlere Stufe stellen und die Kartoffeln in 10–12 Min. weich garen. Abgießen und abtropfen lassen, dann in eine große Schüssel geben.

5. In einer kleinen Schüssel die Zutaten für das Dressing gründlich verquirlen und mit den Kartoffeln vermischen. Kartoffeln und Fischsteaks auf einzelnen Tellern anrichten und sofort servieren. Dazu Zitronenspalten zum Beträufeln des Fischs reichen.

45–50 MIN.
Vorbereitungszeit
8–10 MIN.
Grillzeit

HERING NACH KARIBISCHER ART

MIT TOMATEN, ZWIEBELN UND KNOBLAUCH

Gerät: | **Rauchintensität:** ●●●

Für 4 Personen

8 küchenfertige Atlantik-Heringe (je etwa 150 g)
1 TL grobes Meersalz
¾ TL frisch gemahlener schwarzer Pfeffer
3 EL Olivenöl
1 mittelgroße rote Zwiebel, in Scheiben geschnitten
5 große Knoblauchzehen, in feine Scheiben geschnitten
1–2 Jalapeño-Chilischoten, fein gehackt
2 TL Thymianblättchen
4 Eiertomaten (gesamt etwa 400 g), jeweils in 12 Stücke geschnitten
2 Frühlingszwiebeln, in feine Ringe geschnitten

gegarter heißer Reis

2 große Handvoll Apfelholz-Chips, mind. 30 Min. gewässert

TIPP

Anstelle der Heringe können Sie mit diesem Rezept auch Makrelen zubereiten. Kaufen Sie dafür 8 Makrelenfilets von je etwa 150 g und grillen Sie sie mit der Hautseite nach unten 10–12 Min. über indirekter mittlerer Hitze.

1. Eine Zwei-Zonen-Glut für mittlere Hitze (175–200 °C) vorbereiten (siehe Seite 20–21).

2. Die Heringe aufklappen, Köpfe und Mittelgräten entfernen. Das Fischfleisch mit Salz und Pfeffer würzen.

3. Den Grillrost mit der Bürste säubern. Die Chips abtropfen lassen, auf der Glut verteilen und den Deckel schließen. Sobald Rauch entsteht, die aufgeklappten Heringe mit der Hautseite nach unten über ***indirekter mittlerer Hitze*** bei geschlossenem Deckel 8–10 Min. grillen, bis sie gar sind und das Fleisch bei der Gabelprobe blättrig zerfällt. Vom Grill nehmen und etwas abkühlen lassen. Das Fischfleisch von der Haut abheben und in mundgerechte Stücke zerpflücken.

4. Auf dem Herd das Öl in einer großen Pfanne auf mittlerer Stufe erhitzen. Darin Zwiebel, Knoblauchzehen, Chilischoten und Thymian unter gelegentlichem Rühren 7 bis 8 Min. dünsten, bis die Zwiebelscheiben glasig sind. Tomaten zugeben und 10–12 Min. mitdünsten, bis sie weich sind und die Zwiebelscheiben zu bräunen beginnen. Die Fischstücke behutsam unterheben und in etwa 1 Min. durchwärmen. Die Pfanne vom Herd nehmen, den Pfanneninhalt mit Frühlingszwiebeln bestreuen. Auf heißem Reis anrichten und sofort servieren.

15 MIN.
Vorbereitungszeit
2 STD.
Kühlzeit
25–30 MIN.
Grillzeit

IN MISO MARINIERTE MAKRELEN

MIT SCHNELLEN GURKEN-PICKLES

Gerät: | **Rauchintensität:** ●●●

Für 4 Personen als Vorspeise

FÜR DIE PICKLES
1 Salatgurke, geschält, längs halbiert und entkernt
1 **mittelgroße** Möhre, geschält
2 **EL** ungesüßter Reisessig (Sushi-Essig)
1 **TL** Zucker
1 **Prise** Salz
1 **große** Prise Chiliflocken

FÜR DIE MARINADE
4 **EL** Miso (hell oder dunkel)
4 **EL** Mirin (süßer Reiswein) oder ein lieblicher Weißwein
4 **EL** Sake oder trockener Wermut
2 **EL** Zucker
2 **dicke** Frühlingszwiebeln, nur die weißen und hellgrünen Teile fein gehackt; die dunkelgrünen Teile zum Servieren aufbewahrt
1 **EL** fein gehackter Ingwer

4 Makrelenfilets (je etwa 150–180 g)
grobes Meersalz

Öl

2 **faustgroße** Kirsch-, Apfel- oder Buchenholz-Chunks

1. Die Gurkenhälften quer in 5 mm dicke Scheiben schneiden. Die Möhre quer in mundgerechte Scheiben schneiden. In einer mittelgroßen Schüssel den Reisessig mit Zucker, Salz, Chiliflocken und 2 EL Wasser verrühren. Gurken- und Möhrenscheiben dazugeben und alles gut vermengen. Im Kühlschrank 1–3 Std. durchziehen lassen; gelegentlich durchmischen.

2. In einer mittelgroßen Schüssel die Zutaten für die Marinade kräftig verrühren, bis das Miso aufgelöst ist.

3. Die Makrelenfilets mit der Hautseite nach unten nebeneinander in eine flache Glas- oder Keramikform legen. Die Filets salzen, mit der Marinade übergießen und in der Marinade wenden. Mit der Hautseite nach oben im Kühlschrank abgedeckt 1–2 Std. marinieren, dabei ab und zu wenden. 20 Min. vor dem Grillen aus dem Kühlschrank nehmen.

4. Den Räuchergrill für indirekte schwache Hitze (120 °C) vorbereiten (siehe Seite 22–23). Die Wasserschale ein Drittel hoch mit Wasser füllen. Sobald die Hitze im Grill 120 °C beträgt, den Grillrost mit der Bürste reinigen, die Chunks auf die Glut geben.

5. Die Makrelenfilets aus der Marinade nehmen, überschüssige Marinade abtropfen lassen (Marinade weggießen). Die Fischfilets nicht trockentupfen. Die Hautseite der Makrelen dünn mit Öl bestreichen und die Fische mit der Hautseite nach unten über ***indirekter schwacher Hitze*** bei geschlossenem Deckel 25–35 Min. grillen, dabei nicht wenden, bis das Fischfleisch auf der Oberseite schön glänzt, innen gerade nicht mehr glasig ist und bei der Gabelprobe blättrig zerfällt. Vom Grill nehmen.

6. Die dunkelgrünen Teile der Frühlingszwiebeln in feine Ringe schneiden. Eingelegte Gurken- und Möhrenscheiben mit einem Schaumlöffel aus der Essigmischung heben und in eine Servierschüssel geben. Die Makrelenfilets auf einzelnen Tellern anrichten, mit den Frühlingszwiebeln garnieren und sofort servieren. Dazu die Gurken-Pickles reichen.

MAKRELEN MIT ZITRUSFÜLLUNG

UND RAUCHIGEM PAPRIKAGEMÜSE

Gerät: | **Rauchintensität:** ●●●

30 MIN.
Vorbereitungszeit
ETWA 45 MIN.
Grillzeit

Für 4–6 Personen

FÜR DIE PAPRIKASCHOTEN
je 2 gelbe und orange Paprikaschoten (gesamt etwa 900 g)
2 EL Olivenöl
1 EL abgetropfte Kapern
1 EL Rotweinessig
½ TL getrockneter Oregano
½ TL grobes Meersalz
¼ TL frisch gemahlener schwarzer Pfeffer

FÜR DIE MAKRELEN
4 küchenfertige Makrelen mit Kopf und Schwanzflosse (je etwa 500 g)
2 EL Olivenöl
1 TL grobes Meersalz
½ TL frisch gemahlener schwarzer Pfeffer
4 dünne Bio-Zitronenscheiben, halbiert
4 dünne Bio-Orangenscheiben, halbiert
4 Zweige Rosmarin, je etwa 10 cm lang

Küchengarn
1 große Handvoll Hickoryholz-Chips, mind. 30 Min. gewässert

1. Eine Zwei-Zonen-Glut für mittlere Hitze (175–230 °C) vorbereiten (siehe Seite 20–21).

2. Den Grillrost mit der Bürste säubern. Die Paprikaschoten über ***direkter mittlerer Hitze*** bei geschlossenem Deckel 10–15 Min. grillen, dabei ab und zu wenden, bis die Haut der Schoten rundherum angekohlt und blasig ist. In einer mit Frischhaltefolie abgedeckten Schüssel 10 Min. ausdampfen lassen. Die Schoten entkernen, häuten und in 1 cm breite Streifen schneiden. Zurück in die Schüssel geben und mit den übrigen Zutaten für die Paprikaschoten mischen. Bis zum Servieren beiseitestellen.

3. Bei Bedarf mithilfe der Lüftungsschieber die Grilltemperatur auf schwache bis mittlere Hitze (175–190 °C) absenken.

4. Die Makrelen innen und außen mit Öl bestreichen, salzen und pfeffern. In die Bauchhöhlen der Fische jeweils 2 halbe Zitronen- und Orangenscheiben sowie 1 Rosmarinzweig legen. Die Fische im Abstand von 4 cm mit Küchengarn zusammenbinden.

5. Die Holz-Chips abtropfen lassen, auf die Glut geben und den Grilldeckel schließen. Sobald Rauch entsteht, die gefüllten Makrelen über ***indirekter schwacher bis mittlerer Hitze*** bei geschlossenem Grilldeckel etwa 30 Min. grillen, bis das Fischfleisch bei der Gabelprobe blättrig zerfällt, dabei einmal wenden (am besten mit einem breiten Grillwender oder einer Fischpalette). Die Makrelen vom Grill nehmen, auf einzelnen Tellern auf einem Bett Paprikagemüse anrichten und sofort servieren.

30 MIN.
Vorbereitungszeit
10–12 MIN.
Grillzeit

GERÄUCHERTER MAKRELENSALAT

AUF ROGGENBROT MIT APFEL UND RADIESCHEN

Gerät: | **Rauchintensität:** ●●●

Für 6 Personen

6 Makrelenfilets mit Haut (je 120–150 g)
1 TL grobes Meersalz
½ TL frisch gemahlener schwarzer Pfeffer

FÜR DAS DRESSING
100 g Mayonnaise
1 kleiner grünschaliger Apfel (z. B. Granny Smith), entkernt, in feine Stifte geschnitten
4 große Radieschen, in feine Stifte geschnitten
2 EL feine Schalottenwürfel
1½ EL abgetropfte Kapern
1 EL fein gehackte Dillspitzen
1 EL frisch gepresster Zitronensaft
½ TL grobes Meersalz
¼ TL frisch gemahlener schwarzer Pfeffer

6 Scheiben Roggenbrot
6 grüne Salatblätter
18 dünne Scheiben Salatgurke

1 große Handvoll Apfelholz-Chips, mind. 30 Min. gewässert

1. Eine Zwei-Zonen-Glut für mittlere Hitze (175–230 °C) vorbereiten (siehe Seite 20–21).

2. Den Grillrost mit der Bürste säubern. Das Fleisch der Makrelenfilets salzen und pfeffern. Die Räucherchips abtropfen lassen, auf der Glut verteilen und den Grilldeckel schließen. Sobald Rauch entsteht, die Makrelen mit der Hautseite nach unten über ***indirekter mittlerer Hitze*** bei geschlossenem Deckel 10–12 Min. grillen, bis das Fischfleisch bei der Gabelprobe blättrig zerfällt. Vom Grill nehmen und einige Minuten ruhen lassen. Inzwischen die Roggenbrotscheiben auf beiden Seiten über direkter mittlerer Hitze knusprig rösten.

3. Die Filets von der Haut abheben und in mundgerechte Stücke zerpflücken. Die Haut wegwerfen. Für einen milderen Geschmack dunkelbraune Stellen am Fischfleisch entfernen.

4. In einer mittelgroßen Schüssel die Zutaten für das Dressing mischen und die Fischstücke behutsam unterheben.

5. Die Brotscheiben mit je 1 Salatblatt belegen, darauf Makrelensalat geben und die Brote mit je 3 Gurkenscheiben garnieren. Nach Belieben die Brote halbieren und servieren.

HEISS GERÄUCHERTER LACHS

MIT WACHOLDERDUFT

Gerät: | **Rauchintensität:** ●●●

15 MIN.
Vorbereitungszeit
4½ STD.
Kühlzeit
30 MIN.
Ruhezeit
ETWA 2½ STD.
Grillzeit

Für 8 Personen

125 ml Gin
1 Lachsfilet mit Haut (etwa 1½ kg)
4 EL Wacholderbeeren
2 TL Pfefferkörner
225 g brauner Zucker (vorzugsweise heller Muscovado)
100 g grobes Meersalz
1 EL Öl

Mörser
elektrischer Ventilator
3 Ahornholz-Chunks

TIPPS

Fischfilets sehen oft völlig grätenfrei aus, doch wenn man mit der Fingerspitze darüberfährt, spürt man möglicherweise die Spitzen kleiner Stehgräten. Diese Gräten sollten vor dem Garen entfernt werden. Dafür die Gräten mit einer Pinzette an der Spitze greifen und schräg aus dem Fleisch ziehen.

Der geräucherte Lachs hält sich, in Frischhaltefolie verpackt, im Gefrierfach bis zu 4 Monate.

1. Den Gin in eine Auflaufform (etwa 25 x 40 cm) gießen. Das Lachsfilet mit der Haut nach unten hineinlegen und mit dem Gin beschöpfen. Die Form abdecken und für 30 Min. in den Kühlschrank stellen.

2. Im Mörser 2 EL Wacholderbeeren mit den Pfefferkörnern grob zerstoßen (oder auf ein Schneidebrett geben und mit dem Boden eines schweren Topfes zerdrücken). Wacholder und Pfeffer in einer Schüssel mit Zucker und Salz mischen. Den Lachs aus der Form nehmen und mit Küchenpapier trockentupfen. Die Form auswaschen und abtrocknen. Etwa ein Drittel der Zuckermischung in die Form geben. Das Filet mit der Haut nach unten darauflegen. Die restliche Zuckermischung auf der Fleischseite verteilen und andrücken. Die Form zudecken und 4 Std. kalt stellen.

3. Den Lachs aus der Form nehmen. Die Zuckermischung mit kaltem Wasser abspülen und den Lachs mit Küchenpapier trockentupfen. Die Lachshaut mit Öl bestreichen. Ein großes Gitter auf ein tiefes Backblech setzen und den Lachs darauflegen. Einen Ventilator so platzieren, dass er auf den Lachs bläst. Den Lachs bei laufendem Ventilator bei Raumtemperatur etwa 30 Min. ruhen lassen, bis er leicht glänzt und sich etwas klebrig anfühlt. (Oder den Lachs auf der Gitter-Blech-Kombination nicht abgedeckt 8–10 Std. in den Kühlschrank stellen.)

4. Inzwischen den Räuchergrill für indirekte sehr schwache Hitze (100–120 °C) vorbereiten (siehe Seite 22–23).

5. Die restlichen 2 EL Wacholderbeeren in einer kleinen Schüssel einweichen, während der Lachs geräuchert wird.

6. Auf die Glut 1 Chunk geben. Den Grillrost mit der Bürste säubern. Das Lachsfilet bei geschlossenem Deckel über ***indirekter sehr schwacher Hitze*** etwa 2½ Std. räuchern, bis es fest und gold- bzw. fast dunkelbraun ist. Um die Hitze zu halten, nach Bedarf glühende Holzkohle nachlegen. Nach jeweils 45 Min. 1 Chunk auf die Glut geben. 15 Min. vor Ende der Räucherzeit die Wacholderbeeren abtropfen lassen und auf die Glut geben. Den fertigen Lachs vom Grill nehmen und etwa 5 Min. ruhen lassen. Warm servieren.

LACHSFILETS AUS DEM TEERAUCH

MIT HOISIN-GLASUR

15 MIN.
Vorbereitungszeit
15 MIN.
Grillzeit

Gerät: | **Rauchintensität:** ●●●

Für 6 Personen

FÜR DIE RÄUCHERMISCHUNG
4 EL Schwarzteeblätter (z.B. English Breakfast)
2 Sternanis

FÜR DIE GLASUR
4 EL Hoisin-Sauce
2 EL chinesischer Reiswein oder trockener Sherry
1 Frühlingszwiebel, nur die weißen und hellgrünen Teile fein gehackt; die dunkelgrünen Teile zum Servieren aufbewahrt
2 EL frisch geriebener Ingwer
1 Knoblauchzehe, fein gehackt
1 TL geröstetes Sesamöl

6 Lachsfilets mit Haut (vorzugsweise aus dem dickeren Mittelstück; je etwa 180 g), entgrätet
Öl
grobes Meersalz
Sesamsamen, geröstet

1. Eine Zwei-Zonen-Glut für mittlere Hitze (175–200 °C) vorbereiten (siehe Seite 20–21).

2. In einer kleinen Schüssel Teeblätter und Sternanise in 60 ml Wasser verrühren, bis die Teeblätter feucht sind.

3. In einer zweiten kleinen Schüssel die Zutaten für die Glasur verrühren. Die Lachsfilets auf der Fleischseite dünn mit Öl bepinseln, großzügig salzen, dann dick mit der Hälfte der Glasur bestreichen.

4. Den Grillrost mit der Bürste säubern. Die Räuchermischung mitsamt der Flüssigkeit auf der Glut verteilen. Die Fischfilets mit der Hautseite nach unten über ***indirekter mittlerer Hitze*** bei geschlossenem Deckel 10 Min. grillen, dabei aber nicht wenden. Den Deckel öffnen und die Filets mit der restlichen Glasur bestreichen. Bei geschlossenem Deckel etwa 5 Min. weitergrillen, bis das Fischfleisch blättrig zerfällt, wenn Sie mit der Spitze eines Messer hineinstechen. Vom Grill nehmen und auf einem Servierteller anrichten.

5. Die dunkelgrünen Teile der Frühlingszwiebel in Ringe schneiden. Die Lachsfilets damit bestreuen, mit Sesamsamen garnieren und nochmals leicht salzen. Heiß servieren.

LACHS MIT DIJON-SENF

AUF ORANGEN-CARPACCIO

15 MIN. *Vorbereitungszeit*
8–12 MIN. *Grillzeit*

Gerät: | **Rauchintensität:** ●●●

Für 4–6 Personen

FÜR DIE GLASUR
1 EL körniger Dijon-Senf
1 EL Mayonnaise
2 TL gelbe Senfkörner
2 TL brauner Zucker
1 Prise Cayennepfeffer

Olivenöl
700 g Lachsfilet ohne Haut (etwa 2–2½ cm dick)
grobes Meersalz
frisch gemahlener schwarzer Pfeffer

3 große saftige Orangen
1 EL grob gehackte Basilikumblätter
¼ TL Chiliflocken

große Einweg-Aluschale
2 Handvoll Apfelholz-Chips, mind. 30 Min. gewässert

TIPP

Wählen Sie vorzugsweise Bio-Lachs aus Aquakultur oder Lachs mit dem MSC-Siegel (Marine Stewardship Council).

1. Die Zutaten für die Glasur in einer kleinen Schüssel verrühren.

2. Den Boden der Aluschale dünn fetten. Das Lachsfilet quer in 8–12 gleich große Stücke schneiden und mit der Haut nach unten in die Schale legen. Die Lachsstücke gleichmäßig mit Salz und Pfeffer würzen und mit der Glasur bestreichen. Die Schale abdecken und in den Kühlschrank stellen.

3. Den Grill für indirekte mittlere Hitze (175–230 °C) vorbereiten (siehe Seite 24–25).

4. Von den Orangen oben und unten je eine dünne Scheibe abschneiden. Die Früchte schälen, dabei auch die weiße Haut entfernen. Die Orangen quer in sehr dünne Scheiben schneiden. Die Scheiben auf einer Servierplatte anrichten und mit 1 TL Olivenöl beträufeln.

5. Den Grillrost mit der Bürste säubern. Die Holz-Chips abtropfen lassen und in die Räucherbox des Gasgrills geben (Herstellerangaben beachten). Den Grill schließen. Sobald Rauch aus dem Grill strömt, die Lachsstücke in der offenen Schale über ***direkter mittlerer Hitze*** bei geschlossenem Deckel 8–12 Min. grillen, bis sie den gewünschten Gargrad erreicht haben. Dabei die Fischstücke nicht wenden. Die Schale vom Grill nehmen und den Lachs auf den Orangenscheiben anrichten. Mit dem Basilikum und den Chiliflocken bestreuen und sofort servieren.

30 MIN.
Vorbereitungszeit
½–2 STD.
Marinierzeit
ETWA 15 MIN.
Grillzeit

WOLFSBARSCH

AUS DEM ROSMARINRAUCH MIT GRIECHISCHEM SALAT

Gerät: | **Rauchintensität:** ●●●

Für 4 Personen

2 Wolfsbarsche (je etwa 600 g), gesäubert, ausgenommen und geschuppt, Kiemen und alle Flossen entfernt
3 Bio-Zitronen
2 EL Olivenöl
grobes Meersalz
frisch gemahlener schwarzer Pfeffer

10 Zweige Rosmarin (je etwa 15 cm lang)

FÜR DEN SALAT
4 EL Olivenöl
2 vollreife Eiertomaten, entkernt, gewürfelt
1 kleine Salatgurke, gewürfelt
1 kleine grüne Paprikaschote, in Stücke geschnitten
2 EL fein gewürfelte rote Zwiebel
20 Kalamata-Oliven, entsteint und grob gehackt

Küchengarn

TIPP

Ob Fisch frisch ist, lässt sich am besten feststellen, wenn man an ihm schnuppert. Er sollte nach Meer und darf keinesfalls nach Fisch riechen. Falls die Wolfsbarsche keinen guten Eindruck machen, können Sie auf andere Meeresfische von etwa gleichem Gewicht ausweichen, beispielsweise Schnapper oder Rotbarbe.

1. Die Fische auf jeder Seite im Abstand von 3 cm drei- bis viermal etwa 1 cm tief einschneiden. 1 Zitrone halbieren. 2 EL Saft für den Salat in eine Schüssel pressen. Die beiden übrigen Zitronen in dünne Scheiben schneiden. Die Scheiben von 1 Zitrone zum Anrichten beiseitestellen.

2. Die Fische dünn mit Öl bestreichen, dann innen und außen salzen und pfeffern. In jeden Fisch die Zitronenscheiben von ½ Zitrone und 1 halbierten Rosmarinzweig geben. Die Fische jeweils an zwei bis drei Stellen mit Küchengarn binden, damit sie sich beim Grillen nicht öffnen. Die Fische kalt stellen, bis der Grill heiß ist. Die restlichen Rosmarinzweige mind. 30 Min. wässern.

3. Den Zitronensaft in der Schüssel mit 4 EL Olivenöl verquirlen. Die restlichen Salatzutaten hinzufügen und durchmischen. Den Salat mit Salz und Pfeffer abschmecken und bei Raumtemperatur mind. 30 Min. oder bis zu 2 Std. durchziehen lassen.

4. Eine Zwei-Zonen-Glut für mittlere Hitze (175–230°C) vorbereiten (siehe Seite 20–21).

5. Den Grillrost mit der Bürste säubern. Die Rosmarinzweige abtropfen lassen und auf die Glut geben; den Grill schließen. Sobald die Zweige zu rauchen beginnen, die Fische über ***direkter mittlerer Hitze*** bei geschlossenem Deckel etwa 15 Min. grillen, bis das Fleisch an der Mittelgräte nicht mehr glasig ist, dabei mit einer Fischpalette aus Metall einmal wenden (dabei darf ruhig etwas Haut am Rost hängenbleiben). Vom Grill nehmen.

6. Die Fische mit den restlichen Zitronenscheiben auf dem Salat anrichten.

KRÄUTERWÜRZIGER SEESAIBLING

AM SPIESS

Gerät: | **Rauchintensität:** ●●●

Für 6–8 Personen

FÜR DIE KRÄUTERPASTE
120 ml Olivenöl
3 EL fein gehackte Minze
2 EL fein gehackter Thymian
2 EL fein gehackte glatte Petersilie
2 EL fein abgeriebene Bio-Zitronenschale
1 EL fein gehackter Rosmarin
3 Knoblauchzehen, fein gehackt
1 TL Chiliflocken

2 küchenfertige Seesaiblinge mit Kopf und Schwanzflosse (je 1¼ –1½ kg)
2 TL grobes Meersalz
1 TL frisch gemahlener schwarzer Pfeffer

Kräuterzweige
Zitronenscheiben
Olivenöl

4 lange Metallspieße (mind. 40 cm lang)
2 große Handvoll Hickoryholz-Chips, mind. 30 Min. gewässert

1. In einem großen Bräter die Zutaten für die Kräuterpaste mischen. Die Fische einlegen und gründlich darin wenden; die Bauchhöhle der Fische mit etwas Kräuterpaste einreiben. Den Bräter mit Frischhaltefolie abdecken und die Fische im Kühlschrank mind. 1 oder bis zu 12 Std. marinieren.

2. Eine Zwei-Zonen-Glut für sehr schwache Hitze (95–120 °C) vorbereiten (siehe Seite 20–21).

3. Den Grillrost mit der Bürste säubern. Die Fische aus dem Kühlschrank nehmen und auf die Metallspieße stecken. Dafür einen Spieß durch das Maul eines Fisches führen und entlang der Mittelgräte bis zur Schwanzflosse durchstecken. Den zweiten Spieß parallel zum ersten genauso durchstecken (zwei Spieße verleihen dem Fisch größere Stabilität auf dem Grill). Den zweiten Fisch ebenso auf zwei Spieße stecken. Die Bauchhöhle der Fische mit je 1 TL Meersalz und je ½ TL Pfeffer würzen.

4. Die Hälfte der Chips abtropfen lassen, auf die Glut geben und den Grilldeckel schließen. Sobald Rauch ausströmt, die Fische mit der Bauchseite nach unten aufrecht auf den Rost setzen (als würden sie schwimmen) und über ***direkter sehr schwacher Hitze*** 1–1¼ Std. grillen, bis das Fischfleisch auch im Kern nicht mehr glasig ist und bei der Gabelprobe blättrig zerfällt. Machen Sie bei beiden Fischen die Garprobe, da die Fische unterschiedliche Garzeiten haben können. Nach 30 Min. Grillzeit die restlichen Chips abtropfen lassen und auf der Glut verteilen.

5. Die fertigen Fische vom Grill nehmen. Die Spieße vorsichtig entfernen und die Fische auf einer Servierplatte 10 Min. ruhen lassen. Mit Kräuterzweigen und Zitronenscheiben garnieren und servieren. Die Fische erst bei Tisch häuten und entgräten. Weitere Zitronenscheiben und Olivenöl zum Beträufeln reichen.

weber

STEINBEISSER
MIT PEKANNUSSBUTTER

20 MIN.
Vorbereitungszeit
ETWA 12 MIN.
Grillzeit

Gerät: | **Rauchintensität:** ●●●

Für 6 Personen

FÜR DIE WÜRZPASTE
2 Knoblauchzehen
½ TL grobes Meersalz
2 EL Olivenöl
1 EL Paprikapulver
2 TL fein gehackter Thymian
1 TL Selleriesamen
½ TL frisch gemahlener weißer Pfeffer
1 großzügige Prise Cayennepfeffer

6 Steinbeißerfilets (ersatzweise Pangasiusfilets; je etwa 200 g schwer und 1–1½ cm dick)

FÜR DIE PEKANNUSSBUTTER
80 g Butter
50 g Pekannusskerne, grob gehackt
1 EL Zitronensaft
1 EL gehackte glatte Petersilie
¼ TL grobes Meersalz
1 großzügige Prise frisch gemahlener schwarzer Pfeffer

1 große Handvoll Pekannussholz-Chips, mind. 30 Min. gewässert

TIPP

Sind die Fischfilets schwerer als 200 g, die Grillzeit um einige Minuten verlängern. Die Filets sind gar, wenn sie innen nicht mehr glasig sind. Um das zu prüfen, mit einer Messerspitze in das Fischfleisch stechen und nachschauen.

1. Den Knoblauch fein hacken, mit dem Salz bestreuen und mit der Breitseite einer Messerklinge zu einer Paste verreiben. Dabei das Messer hin und her schieben, bis der Knoblauch dünn und durchsichtig geworden ist. Den Knoblauch in einer kleinen Schüssel mit den restlichen Zutaten für die Würzpaste mischen. Die Fischfilets auf beiden Seiten mit der Paste bestreichen und etwa 20 Min. bei Raumtemperatur ziehen lassen.

2. In der Zwischenzeit eine Zwei-Zonen-Glut für mittlere Hitze (175–230 °C) vorbereiten (siehe Seite 20–21).

3. Die Butter in einer Pfanne auf dem Herd auf mittlerer Stufe zerlassen und in etwa 3 Min. etwas braun werden lassen. Vom Herd nehmen und die restlichen Zutaten für die Pekannussbutter untermischen.

4. Den Grillrost mit der Bürste säubern. Die Chips abtropfen lassen und auf die Glut geben; den Grill schließen. Sobald die Chips zu rauchen beginnen, die Fischfilets über ***direkter mittlerer Hitze*** bei geschlossenem Deckel etwa 12 Min. grillen, bis das Fleisch beim Hineinstechen mit einer Messerspitze blättrig zerfällt; dabei mit einer Fischpalette einmal vorsichtig wenden. Vom Grill nehmen, auf Tellern anrichten, mit der Pekannussbutter beträufeln und sofort servieren.

THUNFISCHSTEAKS

MIT FENCHEL-NUSS-RELISH

30 MIN. *Vorbereitungszeit*
ETWA 16 MIN. *Grillzeit*

Gerät: | **Rauchintensität:** ●●●

Für 4 Personen

500 g Fenchel
1 große rote Paprikaschote
4 vollreife Eiertomaten, längs halbiert
Olivenöl

2 EL Sherry-Essig
½ TL geräuchertes Paprikapulver
1 TL grobes Meersalz
¾ TL frisch gemahlener schwarzer Pfeffer
50 g Haselnusskerne, geröstet, gehäutet, grob gehackt
2 EL gehackte glatte Petersilie

4 Thunfischsteaks (je etwa 175 g schwer und 2–3 cm dick)

2 große Handvoll Eichenholz-Chips, mind. 30 Min. gewässert

TIPP

Wie Sie Haselnusskerne am besten rösten und enthäuten, lesen Sie im Tipp auf Seite 86.

1. Eine Zwei-Zonen-Glut für starke Hitze (230–290 °C) vorbereiten (siehe Seite 20–21).

2. Von den Fenchelknollen die dicken Stängel und die Wurzelenden abschneiden. Die Knollen längs halbieren, vom harten Strunk befreien und längs in 1–1½ cm dicke Scheiben schneiden. Von der Paprikaschote Deckel und Boden abschneiden. Die Schote auf einer Seite von oben bis unten aufschneiden und so aufklappen, dass ein langer Streifen entsteht; Trennwände und Kerne entfernen. Fenchelscheiben und Tomatenhälften mit 1 EL Öl bestreichen.

3. Den Grillrost mit der Bürste säubern. Die Hälfte der Holz-Chips abtropfen lassen und auf die Glut geben; den Grilldeckel schließen. Fenchel, Paprika (mit der Haut nach unten) und Tomatenhälften (mit den Schnittflächen nach unten) über ***direkter starker Hitze*** bei geschlossenem Deckel grillen: den Fenchel etwa 8 Min., bis er gar, aber noch bissfest ist, dabei einmal wenden; die Paprikaschote 6–8 Min., bis ihre Haut schwarz und blasig ist, dabei nicht wenden; die Tomatenhälften etwa 6 Min., bis sie braun sind, dabei einmal wenden. Das gegarte Gemüse vom Grill nehmen. Die Paprika in eine Schüssel geben. Die Schüssel mit Frischhaltefolie verschließen, damit der Dampf nicht entweichen kann; 5 bis 10 Min. stehen lassen. Die Grilltemperatur auf mittlere Hitze (175–230 °C) absenken.

4. Die Paprika aus der Schüssel nehmen, häuten, Kerne und Trennwände entfernen. Fenchel, Paprika und Tomaten in 1–2 cm große Würfel schneiden.

5. Den Essig in einer Schüssel mit Paprikapulver, ½ TL Salz und ½ TL Pfeffer verquirlen. Nach und nach etwa 4 EL Olivenöl darunterschlagen. Fenchel, Paprika, Tomaten, Nüsse und Petersilie in die Schüssel geben und alles gut mischen. Das Relish bei Raumtemperatur beiseitestellen.

6. Die Fischsteaks auf beiden Seiten mit Öl bestreichen und gleichmäßig mit dem restlichen ½ TL Salz und dem übrigen Pfeffer bestreuen. Die restlichen Chips abtropfen lassen und auf die Glut geben. Den Grillrost mit der Bürste säubern. Die Steaks über ***direkter mittlerer Hitze*** bei geschlossenem Deckel etwa 8 Min. grillen, bis sie außen nicht mehr glasig sind, dabei einmal wenden. Vom Grill nehmen und warm mit dem Relish servieren.

30 MIN.
Vorbereitungszeit
1 STD.
Marinierzeit
6–8 MIN.
Grillzeit

THUNFISCH-ANANAS-SPIESSE

Gerät: | **Rauchintensität:** ●●●

Für 4–6 Personen

FÜR DIE MARINADE
125 ml Ananassaft
125 ml Sojasauce
50 g brauner Zucker
1 Frühlingszwiebel, nur der grüne Teil in feine Ringe geschnitten
1 EL frisch geriebener Ingwer
2 TL zerdrückter Knoblauch

1 kg Thunfischfilet, in etwa 4 cm große Würfel geschnitten

2 rote Paprikaschoten, in etwa 4 cm große Stücke geschnitten
6 große Frühlingszwiebeln, nur die weißen und hellgrünen Teile in etwa 4 cm lange Stücke geschnitten
250 g Ananasfruchtfleisch, in etwa 4 cm große Stücke geschnitten
Olivenöl

4–6 Metall- oder Holzspieße, Holzspieße mind. 30 Min. gewässert
2 Handvoll Apfelholz-Chips, mind. 30 Min. gewässert

TIPP

Bei Spießen ist es wichtig, dass alle Zutaten die gleiche Größe haben – nur dann garen sie gleichmäßig.

1. Die Zutaten für die Marinade in einer großen Schüssel mit einem Schneebesen verrühren, bis der Zucker aufgelöst ist. Den Thunfisch in die Marinade geben und darin wenden. Abdecken und 1 Std. kalt stellen, dabei die Fischwürfel gelegentlich wenden.

2. Eine Zwei-Zonen-Glut für mittlere Hitze (175–230 °C) vorbereiten (siehe Seite 20–21).

3. Paprika-, Frühlingszwiebel- und Ananasstücke abwechselnd mit etwas Abstand zueinander auf 2–3 Spieße stecken. Die Thunfischwürfel auf die übrigen 2–3 Spieße stecken. Gemüse und Fisch dünn mit Öl bestreichen.

4. Den Grillrost mit der Bürste säubern. Die Holz-Chips abtropfen lassen und auf die Glut geben; den Grill schließen. Sobald die Holz-Chips zu rauchen beginnen, die Spieße über ***direkte mittlere Hitze*** legen. Gemüse und Fisch bei geschlossenem Deckel 6–8 Min. grillen, bis das Gemüse gar, aber noch bissfest ist, die Ananasstücke gebräunt sind und der Thunfisch im Kern gerade rosa ist; dabei ein- bis zweimal wenden. Die Spieße vom Grill nehmen und sofort servieren.

TOSTADAS MIT SEESAIBLING

UND AVOCADO-TOMATEN-SALSA

45 MIN.
Vorbereitungszeit
ETWA 25 MIN.
Grillzeit

Gerät: | **Rauchintensität:** ●●●

Für 6 Personen

2 TL Paprikapulver
1 TL Knoblauchpulver
1 TL Zwiebelpulver
1 TL getrockneter Oregano
½ TL getrockneter Thymian
½ TL Cayennepfeffer
¼ TL gemahlener Kreuzkümmel
1 TL grobes Meersalz

2 Seesaiblingfilets mit Haut (je 450–650 g)
2 EL Butter, zerlassen

FÜR DIE SALSA
450 g rote und gelbe Cocktailtomaten, geviertelt
2 reife Avocados, das Fruchtfleisch 1 cm groß gewürfelt
1 mittelgroße rote Zwiebel, fein gewürfelt
4 EL fein gehacktes Koriandergrün
3 EL frisch gepresster Limettensaft
1 Jalapeño-Chilischote, ohne Kerne fein gehackt
1 TL grobes Meersalz

12 kleine Maistortillas (12 cm Ø)
Rapsöl zum Frittieren
Schmand, durchgerührt und nach Bedarf mit etwas Milch verdünnt

1½ große Handvoll Eichenholz-Chips

1. Den Räuchergrill für indirekte sehr schwache Hitze (95–120 °C) vorbereiten (siehe Seite 22–23).

2. In einer kleinen Schüssel das Paprikapulver mit den übrigen Gewürzen mischen. Das Fleisch der Fischfilets mit zerlassener Butter bepinseln und gleichmäßig mit der Würzmischung bestreuen.

3. Den Grillrost mit der Bürste säubern. Die Holz-Chips abtropfen lassen, auf der Glut verteilen und den Deckel schließen. Sobald Rauch entsteht, die Fischfilets mit der Hautseite nach unten über ***indirekter sehr schwacher Hitze*** bei geschlossenem Deckel 25 Min. grillen, bis das Fischfleisch auch im Kern nicht mehr glasig ist und bei der Gabelprobe blättrig zerfällt. Vom Grill nehmen und 5 Min. ruhen lassen. Die Filets von der Haut abheben und in mundgerechte Stücke zerpflücken. Die Haut wegwerfen.

4. Inzwischen die Zutaten für die Salsa in einer mittelgroßen Schüssel behutsam mischen.

5. In eine kleine Pfanne 2 cm hoch Rapsöl gießen und dieses auf mittlerer bis hoher Stufe heiß werden lassen. 1 Maistortilla im heißen Öl 1–1½ Min. frittieren, dabei einmal wenden, bis sie leicht gebräunt und knusprig ist. Auf einem mit Küchenpapier belegten Backblech entfetten. Die übrigen Tortillas genauso vorbereiten.

6. Zum Servieren je 2 Tostadas nebeneinander auf sechs Teller legen, darauf Fischfleisch und Salsa geben, etwas Schmand darüberträufeln und servieren.

VEGETARISCHES

SPINATTORTE
MIT SCHAFSKÄSE UND DILL

Gerät: | **Rauchintensität:** ●●●

Für 6–8 Personen

FÜR DIE FÜLLUNG
900 g gehackter TK-Blattspinat, aufgetaut
2 EL Olivenöl
4 dicke Frühlingszwiebeln, nur die weißen und hellgrünen Teile fein gehackt
2 Knoblauchzehen, fein gehackt
150 g Schafskäse (Feta), zerbröckelt
2 Eier (Größe L), verquirlt
2 EL fein gehackte Dillspitzen
½ TL grobes Meersalz
½ TL frisch gemahlener schwarzer Pfeffer

7 EL Butter, zerlassen
10 Blätter Filoteig (etwa 23 x 35 cm)

runde Einweg-Alubackform (23 cm Ø)
Backpinsel mit weichen Borsten

2 Handvoll Eichen- oder Kirschholz-Chips, mind. 30 Min. gewässert

1. Von dem aufgetauten Spinat das überschüssige Wasser gründlich ausdrücken.

2. In einer großen beschichteten Pfanne das Öl auf mittlerer Stufe erhitzen. Frühlingszwiebeln und Knoblauch darin unter gelegentlichem Rühren etwa 2 Min. dünsten, bis die Frühlingszwiebeln weich sind. Den Spinat hineingeben und 2–3 Min. mitdünsten, dabei ab und zu umrühren, bis die Mischung trocken aussieht. In einer großen Schüssel etwa 20 Min. abkühlen lassen, dabei gelegentlich umrühren.

3. Den Grill für indirekte schwache bis mittlere Hitze (175 °C) vorbereiten (siehe Seite 24–25).

4. Die Einweg-Backform innen mit Backpapier auskleiden und das Papier mit etwas zerlassener Butter fetten. Schafskäse, Eier, Dill, Salz und Pfeffer unter den abgekühlten Spinat mischen. Die Backform bis in die Kanten vorsichtig mit 1 Filoteigblatt auskleiden, überhängenden Teig nicht abschneiden. Mit dem Backpinsel das Teigblatt behutsam mit zerlassener Butter bestreichen, dabei aufpassen, dass es nicht reißt. Die Backform auf diese Weise mit 7 weiteren Teigblättern auskleiden, dabei die Blätter nacheinander und immer leicht versetzt zueinander einlegen und sorgfältig bis in die Kanten mit Butter bepinseln. Die Spinatfüllung hineingeben und glatt streichen. Die beiden übrigen Filoteigblätter in der Mitte falten, die Füllung damit abdecken und die Blätter dünn mit Butter bepinseln. Überhängende Teigreste nach innen schlagen und mit Butter bepinseln.

5. Die Holz-Chips abtropfen lassen und in die Räucherbox des Gasgrills geben (Herstellerangaben beachten); den Grill schließen. Sobald die Chips zu rauchen beginnen, die Spinattorte in der Form über ***indirekter schwacher bis mittlerer Hitze*** bei geschlossenem Deckel 30–40 Min. backen, bis sie goldbraun ist. Vom Grill nehmen und 5–10 Min. abkühlen lassen. Aus der Form lösen, in Tortenstücke schneiden und warm servieren.

1¾–2 STD.
Vorbereitungszeit
ETWA 1½ STD.
Grillzeit
¼ STD.
Ruhezeit

GERÄUCHERTES PASTITSIO
MIT PILZEN

Gerät: | **Rauchintensität:** ●●●

Für 8–10 Personen

FÜR DIE TOMATENSAUCE
2 EL Olivenöl
1 mittelgroße Zwiebel, fein gewürfelt
2 Knoblauchzehen, fein gehackt
250 ml kräftiger Rotwein (z. B. Shiraz)
800 g stückige Tomaten (Dose)
1 TL gemahlener Piment
1 TL gemahlener Zimt
1 TL getrockneter Oregano
½ TL Cayennepfeffer
½ TL grobes Meersalz
1 Lorbeerblatt

350 g Penne-Nudeln

FÜR DIE BÉCHAMELSAUCE
90 g Butter
50 g Mehl (Type 550)
850 ml Vollmilch
50 g Pecorino Romano, frisch gerieben
¼ TL grobes Meersalz
1 großzügige Prise frisch gemahlener schwarzer Pfeffer
6 Eigelb (Größe L)

FÜR DIE PILZE
5 Portobello-Pilze, geputzt, Stiele und Hüte separiert
2 EL Olivenöl
½ TL grobes Meersalz
1 großzügige Prise frisch gemahlener schwarzer Pfeffer

2 Eier (Größe L)
Olivenöl für die Backform
3 EL Semmelbrösel
4 EL frisch geriebener Pecorino Romano

Back- oder Auflaufform (23 x 33 cm)
2 Handvoll Apfel- oder Kirschholz-Chips, mind. 30 Min. gewässert

1. Für die Tomatensauce das Öl in einem großen Topf auf mittlerer Stufe erhitzen. Die Zwiebel darin unter gelegentlichem Rühren in 3 Min. glasig dünsten. Den Knoblauch etwa 1 Min. mitdünsten, bis er duftet. Wein zugießen und aufkochen lassen. Die Tomaten aus der Dose mitsamt den Gewürzen einrühren und zum Kochen bringen. Die Hitze auf mittlere bis kleine Stufe reduzieren und die Sauce im offenen Topf 1 Std. köcheln lassen, bis sie eingedickt ist; ab und zu umrühren. Das Lorbeerblatt entfernen. Die Tomatensauce etwa 30 Min. lauwarm abkühlen lassen. Mit dem Rezept fortfahren, während die Sauce köchelt.

2. Die Nudeln in reichlich sprudelnd kochendem Salzwasser nach Packungsangabe bissfest garen. Abgießen und unter fließendem kaltem Wasser abbrausen. Gut abtropfen lassen.

3. Eine Zwei-Zonen-Glut für mittlere Hitze (175–230 °C) vorbereiten (siehe Seite 20–21).

4. Für die Béchamelsauce die Butter in einem mittelgroßen Topf auf mittlerer Stufe zerlassen. Dann die Hitze auf mittlere bis kleine Stufe stellen, das Mehl einstreuen und unter ständigem Rühren mit einem Schneebesen etwa 1 Min. glatt rühren, ohne dass es bräunt. Nach und nach die Milch einrühren und zum Köcheln bringen. Die Hitze auf kleine Stufe stellen und die Sauce unter häufigem Rühren etwa 5 Min. leicht köcheln lassen, bis sie ihren Mehlgeschmack verloren hat. Den Topf vom Herd nehmen, den Käse unterrühren, salzen und pfeffern. Die Eigelbe in einer großen Schüssel verquirlen und portionsweise in die Sauce rühren. Die Sauce dicht mit Frischhaltefolie abdecken und beiseitestellen.

5. Den Grillrost mit der Bürste säubern. Pilzstiele und -hüte dünn mit Öl bespinseln und mit Salz und Pfeffer würzen. Über ***direkter mittlerer Hitze*** bei geschlossenem Deckel 8–10 Min. grillen, bis sie weich sind, dabei ab und zu wenden. Auf einem Schneidebrett etwas abkühlen lassen, anschließend 2 cm groß würfeln und mit Küchenpapier überschüssige Feuchtigkeit abtupfen.

6. Die beiden Eier verquirlen und in die abgekühlte Tomatensauce rühren. Die Nudeln mit der Sauce mischen.

7. Die Backform dünn mit Öl fetten. Den Boden der Form mit den Semmelbröseln bestreuen. Nudeln und Tomatensauce einfüllen und glatt streichen. Die gegrillten Pilze darauf verteilen und zuletzt die Béchamelsauce darübergeben. Mit 4 EL Pecorino Romano bestreuen.

8. Die Räucherchips abtropfen lassen und auf der Glut verteilen. Den Grilldeckel schließen. Sobald Rauch entsteht, die Backform über ***indirekte mittlere Hitze*** stellen und das Pastitsio bei geschlossenem Deckel 1¼ Std. backen. Nach der Hälfte der Zeit die Backform um 90 Grad drehen. Das Pastitsio ist fertig, wenn seine Oberseite goldbraun ist und die Klinge eines kleinen Messers, die Sie 5 Sek. in den Auflauf stecken, beim Herausziehen heiß ist. Vom Grill nehmen und 15 Min. bei Raumtemperatur ruhen lassen (in dieser Zeit wird die cremige Oberseite fester). Das Pastitsio in Stücke schneiden und warm servieren.

MAISSALAT GERÄUCHERT

MIT COCKTAILTOMATEN UND RICOTTA

20 MIN. *Vorbereitungszeit*
20–30 MIN. *Grillzeit*

Gerät: | **Rauchintensität:** ●●●

Für 6–8 Personen

6 Maiskolben, ohne Hüllblätter
120 ml plus **2 EL** Olivenöl
2 EL Sherry- oder Weißweinessig
1 Knoblauchzehe, zerdrückt
½ TL grobes Meersalz
¼ TL frisch gemahlener schwarzer Pfeffer
220 g rote und gelbe Cocktailtomaten, halbiert
4 Frühlingszwiebeln, nur die weißen und hellgrünen Teile in feine Ringe geschnitten
2 EL fein gehackter Oregano oder **2 TL** getrockneter Oregano
100 g Ricotta Salata (gesalzener, gereifter Ricotta; ersatzweise Ricotta oder Schafskäse), zerbröckelt

1 große Handvoll Hickoryholz-Chips, mind. 30 Min. gewässert

1. Eine Zwei-Zonen-Glut für indirekte mittlere Hitze (175–230 °C) vorbereiten (siehe Seite 20–21).

2. Die Maiskolben rundherum mit 2 EL Olivenöl bepinseln.

3. Den Grillrost mit der Bürste säubern. Die Holz-Chips abtropfen lassen und auf die Glut geben. Den Grilldeckel schließen. Sobald Rauch entsteht, die Maiskolben über ***indirekter mittlerer Hitze*** bei geschlossenem Deckel 20 bis 30 Min. grillen, dabei gelegentlich wenden, bis sie wie mit einem dünnen, hellbraunen Film überzogen sind und prall aussehen. Anschließend über ***direkte mittlere Hitze*** legen und bei geschlossenem Deckel etwa 5 Min. weitergrillen, bis die Kolben braun gesprenkelt sind, dabei ab und zu wenden. Vom Grill nehmen und abkühlen lassen. Die Maiskörner von den Kolben schneiden.

4. In einer mittelgroßen Schüssel den Essig mit Knoblauch, Salz und Pfeffer verrühren, dann nach und nach 120 ml Öl unterschlagen. Maiskörner, Cocktailtomaten, Frühlingszwiebeln und Oregano dazugeben und alles gut vermischen. Kurz vor dem Servieren den Ricotta unterheben. Den Salat bei Raumtemperatur servieren.

35 MIN.
Vorbereitungszeit
1 STD.
Grillzeit

GERÄUCHERTER BLUMENKOHL

MIT ROTER THAI-CURRYSAUCE

Gerät: | **Rauchintensität:** ●●●

Für 4–6 Personen

FÜR DIE SAUCE
1 EL Öl
2 EL feine Schalottenwürfel
4 Knoblauchzehen, fein gehackt
4 EL rote Thai-Currypaste
400 ml Kokosmilch, gut durchgerührt
2 EL Fischsauce
5 TL brauner Zucker
grobes Meersalz

1 Blumenkohl (etwa 1 kg), Hüllblätter entfernt
2 EL Öl
½ TL grobes Meersalz
¼ TL frisch gemahlener schwarzer Pfeffer

gegarter heißer Jasminreis
4 EL fein gehackte Erdnüsse
4 EL fein gehacktes Koriandergrün

1 große Handvoll Apfel- oder Kirschholz-Chips, mind. 30 Min. gewässert

TIPP

Für ein rein vegetarisches Gericht nehmen Sie für die Zubereitung der Thai-Currysauce anstelle der Fischsauce Sojasauce.

1. Eine Zwei-Zonen-Glut für schwache bis mittlere Hitze (175–200 °C) vorbereiten (siehe Seite 20–21).

2. Inzwischen für die Sauce das Öl in einem mittelgroßen Topf erhitzen. Darin die Schalottenwürfel unter häufigem Rühren in 2 Min. goldgelb dünsten. Den Knoblauch 1 Min. mitdünsten, bis er aromatisch duftet. Die Currypaste zugeben und unter Rühren 1 Min. garen. Kokosmilch, Fischsauce und den Zucker einrühren und aufkochen lassen. Die Hitze auf mittlere bis kleine Stufe stellen und die Sauce 20 Min. einköcheln lassen, bis sie so dick ist, dass sie dünn die Rückseite eines Kochlöffels überzieht. Mit Salz abschmecken und zugedeckt warm halten.

3. Während die Sauce köchelt, den Blumenkohl rundum dünn mit Öl bepinseln, salzen und pfeffern. Den Grillrost mit der Bürste säubern. Die Chips abtropfen lassen und auf die Glut geben. Den Grill schließen. Sobald Rauch entsteht, den Blumenkohl über ***indirekter schwacher bis mittlerer Hitze*** bei geschlossenem Deckel 30 Min. grillen. Anschließend den gesamten Kohl lose mit Alufolie abdecken; die Folie dabei rundherum unten zusammenknüllen, damit sie sich nicht ablöst und der Kohl nicht zu dunkel wird. Den Blumenkohl etwa 30 Min. bei geschlossenem Deckel weitergrillen. Bei Bedarf Kohle nachlegen, damit die Grilltemperatur konstant bleibt. Der Blumenkohl ist fertig, wenn Sie mit einem langen dünnen Messer beim Hineinstechen kaum noch Widerstand spüren. Vom Grill nehmen.

4. Den Blumenkohl in Röschen zerteilen. Den heißen Reis auf einzelnen Tellern anrichten, darauf Blumenkohl und Currysauce geben, mit Erdnüssen und Koriander bestreuen und warm servieren

2½ STD.
Vorbereitungszeit
8–10 MIN.
Grillzeit

YAKITORI-GEMÜSESPIESSE

Gerät: | **Rauchintensität:** ●●●

Für 4–6 Personen

400 g extrafester Tofu, abgetropft

FÜR DIE SAUCE
120 ml Sojasauce
120 ml Mirin (süßer Reiswein) oder ein lieblicher Weißwein (z. B. Riesling)
4 EL Sake oder trockener Sherry
1 EL brauner Zucker
1 Frühlingszwiebel, nur die weißen und hellgrünen Teile grob gehackt
2 Knoblauchzehen, zerdrückt
1 EL fein gehackter Ingwer
¼ TL frisch gemahlener schwarzer Pfeffer

9 dicke Frühlingszwiebeln
18 Shiitakepilze, Stiele entfernt
36 Zuckererbsen, geputzt
2 EL Öl

geröstetes Sesamöl zum Servieren

6 lange flache Metallspieße
1 große Handvoll Kirsch- oder Apfelholz-Chips, mind. 30 Min. gewässert

1. Den Tofu auf mehreren Lagen Küchenpapier auf einen Teller legen, mit weiterem Küchenpapier bedecken und mit zwei Tellern beschweren. 1 Std. bei Raumtemperatur ruhen lassen, um überschüssiges Wasser zu entziehen. Anschließend das feuchte Küchenpapier auf Teller und Tofu durch trockenes ersetzen, den Tofu wieder mit Tellern beschweren und nochmals 1 Std. bei Raumtemperatur Wasser entziehen. Verkürzen Sie diese Zeit nicht, sonst zerbricht der Tofu, wenn er auf die Spieße gesteckt wird. Den Tofu in 12 gleich große Würfel schneiden.

2. Eine Zwei-Zonen-Glut für schwache bis mittlere Hitze (175–200 °C) vorbereiten (siehe Seite 20–21).

3. In einem kleinen Topf die Sojasauce mit Mirin, Sake, Zucker, gehackten Frühlingszwiebeln, Knoblauch, Ingwer und Pfeffer auf hoher Stufe unter Rühren aufkochen, dann auf mittlerer bis hoher Stufe etwa 10 Min. einkochen, bis die Mischung auf die Hälfte reduziert ist. Die Sauce wird beim Abkühlen noch eindicken. Die Sauce nach Belieben durch ein feines Sieb in eine Schüssel passieren, dabei die festen Bestandteile im Sieb kräftig ausdrücken. Beiseitestellen.

4. Die Wurzelenden der Frühlingszwiebeln abschneiden und wegwerfen, die dunkelgrünen Teile ebenfalls abschneiden und anderweitig verwenden. Die Frühlingszwiebeln quer halbieren, sodass Sie pro Spieß 3 Stück erhalten. Das Gemüse, die Pilze und Tofuwürfel abwechselnd und nicht zu dicht auf die Metallspieße stecken und rundherum dünn mit Öl bepinseln.

5. Den Grillrost mit der Bürste säubern. Die Räucherchips abtropfen lassen, auf der Glut verteilen und den Grilldeckel schließen. Sobald Rauch entsteht, die Gemüsespieße über ***indirekter schwacher bis mittlerer Hitze*** bei geschlossenem Deckel 8–10 Min. grillen, bis die Zutaten leicht gebräunt sind. Während der letzten Minuten das Gemüse und vor allem den Tofu mit etwas Sauce glasieren. Spieße vom Grill nehmen, mit der restlichen Sauce und dem Sesamöl beträufeln und servieren.

weber
weber

KÜRBIS-CHILI
MIT BOHNEN UND BULGUR

30 MIN.
Vorbereitungszeit
ETWA 50 MIN.
Grillzeit

Gerät: | **Rauchintensität:** ●●●

Für 8 Personen

3 EL Olivenöl
1 kleiner Butternusskürbis (etwa 500 g), geschält, entkernt, in 2 cm große Stücke geschnitten
1 große Zwiebel, fein gewürfelt
1 große rote Paprikaschote, in 2 cm große Stücke geschnitten
1 Jalapeño-Chilischote, entkernt, fein gehackt
3 Knoblauchzehen, fein gehackt
2 mittelgroße Zucchini, in 2 cm große Stücke geschnitten
4 EL Chilipulver
1 EL getrockneter Oregano
2 TL gemahlener Kreuzkümmel
grobes Meersalz
800 g stückige Tomaten (Dose)
200 g frische oder TK-Maiskörner, aufgetaut
425 g Wachtelbohnen (Dose), abgespült und abgetropft
100 g Bulgur

Schmand
gehacktes Koriandergrün

Dutch Oven (mind. 5 l Inhalt)
2 große Handvoll Mesquiteholz-Chips, mind. 30 Min. gewässert

1. Eine Zwei-Zonen-Glut für mittlere Hitze (175–230 °C) vorbereiten (siehe Seite 20–21).

2. Den Dutch Oven über ***direkte mittlere Hitze*** stellen und das Öl im Topf heiß werden lassen (es darf aber nicht rauchen). Die Kürbisstücke darin bei geöffnetem Dutch Oven, aber geschlossenem Grilldeckel etwa 3 Min. anbraten, bis die Unterseiten gebräunt sind. Den Kürbis auf eine Seite des Topfes schieben. Im übrigen Öl Zwiebel, Paprika, Chili und Knoblauch etwa 5 Min. im geöffneten Topf, aber bei geschlossenem Grilldeckel anbraten, dabei ab und zu umrühren. Zucchini zufügen, mit dem Gemüse im Topf vermischen und 5 Min. mitbraten. Mit Chilipulver, Oregano, Kreuzkümmel und 2 TL Salz würzen.

3. Die Tomaten aus der Dose mit 500 ml Wasser einrühren und zum Kochen bringen. Die Hälfte der Chips abtropfen lassen und auf der Glut verteilen. Den Grilldeckel schließen. Das Chili im offenen Dutch Oven 20 Min. köcheln lassen, dabei gelegentlich umrühren. Sollte es zu stark kochen, den Topf in die indirekte Zone ziehen. Während der letzten 5 Min. Maiskörner und Bohnen untermischen. Das Chili sollte jetzt ein wenig flüssig sein.

4. Die restlichen Holz-Chips abtropfen lassen und auf die Glut geben. Den Bulgur einrühren und bei geschlossenem Grilldeckel 15–20 Min. im Chili köcheln lassen, bis er weich ist und das Chili ein wenig angedickt hat. Chili mit Salz und Pfeffer abschmecken, in einzelnen tiefen Tellern anrichten, jeweils etwas Schmand daraufgeben, mit Koriander bestreuen und warm servieren.

1½–2 STD.
Vorbereitungszeit
ETWA 1½ STD.
Grillzeit
15 MIN.
Ruhezeit

MOUSSAKA VEGETARISCH

Gerät: | **Rauchintensität:** ●●●

Für 9–12 Personen

FÜR DIE TOMATENSAUCE
2 EL Olivenöl
1 mittelgroße Zwiebel, fein gewürfelt
2 Knoblauchzehen, fein gehackt
120 ml trockener Weißwein (z. B. Pinot Grigio)
800 g grob passierte Tomaten (Passata Rustica)
3 EL Tomatenmark
½ TL gemahlener Piment
½ TL gemahlener Zimt
1 TL getrockneter Oregano
½ TL grobes Meersalz
1 Lorbeerblatt
2 EL Semmelbrösel

FÜR DAS GEMÜSE
1 große Aubergine (etwa 700 g), quer in 1 cm dicke Scheiben geschnitten
3 große Zucchini, längs in 5 mm dicke Scheiben geschnitten
2 TL grobes Meersalz
2 große Ofenkartoffeln, geschält, längs in 5 mm dicke Scheiben geschnitten
2 EL Olivenöl

FÜR DIE BÉCHAMELSAUCE
4 EL Butter
4 EL Mehl
600 ml Vollmilch
100 g fettreduzierter griechischer Joghurt
50 g Parmesan, frisch gerieben
¼ TL grobes Meersalz
1 großzügige Prise frisch gemahlener schwarzer Pfeffer
1 Prise frisch geriebene Muskatnuss
2 Eier (Größe L)

grobes Meersalz
frisch gemahlener schwarzer Pfeffer
Olivenöl
180 g Schafskäse (Feta), zerbröckelt
4 EL frisch geriebener Parmesan

Back- oder Auflaufform (23 x 33 cm)
2 Handvoll Apfel- oder Kirschholz-Chips, mind. 30 Min. gewässert

1. Für die Tomatensauce in einem großen Topf das Öl auf mittlerer Stufe erhitzen. Die Zwiebel darin unter gelegentlichem Rühren in 3 Min. glasig dünsten. Den Knoblauch etwa 1 Min. mitdünsten, bis er aromatisch duftet. Den Wein zugießen und aufkochen lassen. Das Tomatenpüree dazugeben, 120 ml Wasser angießen, das Tomatenmark unterrühren, dann mit Piment, Zimt, Oregano und Salz würzen. Das Lorbeerblatt einlegen und alles zum Kochen bringen. Die Hitze auf mittlere bis kleine Stufe stellen und die Sauce im offenen Topf 1 Std. köcheln lassen, dabei gelegentlich umrühren. Dann das Lorbeerblatt entfernen und die Semmelbrösel unterrühren.

2. Inzwischen die Auberginen- und Zucchinischeiben auf einem Backblech mit 2 TL Salz bestreuen und 45–60 Min. ruhen lassen.

3. In einem großen Topf die Kartoffelscheiben in reichlich Salzwasser in etwa 5 Min. weich garen. Abgießen und beiseitestellen.

4. Für die Béchamelsauce die Butter in einem mittelgroßen Topf auf mittlerer Stufe zerlassen. Dann die Hitze auf mittlere bis kleine Stufe stellen, das Mehl einstreuen und unter ständigem Rühren mit einem Schneebesen 1 Min. glatt rühren, ohne dass es bräunt. Nach und nach die Milch einrühren und zum Köcheln bringen. Die Hitze auf kleine Stufe stellen und die Sauce unter häufigem Rühren etwa 5 Min. leicht köcheln lassen, bis sie ihren Mehlgeschmack verloren hat. Den Topf vom Herd nehmen, Joghurt und Parmesan unterrühren, dann mit Salz, Pfeffer und Muskatnuss würzen. Die Eier in einer großen Schüssel verquirlen. 120 ml Béchamelsauce (etwa ½ Tasse) mit den Eiern verrühren, um sie zu temperieren, dann langsam und portionsweise die restliche Béchamelsauce unterrühren. Die Sauce dicht mit Frischhaltefolie abdecken und beiseitestellen.

5. Eine Zwei-Zonen-Glut für mittlere Hitze (175–230 °C) vorbereiten (siehe Seite 20–21).

6. Die Auberginen- und Zucchinischeiben unter fließendem kaltem Wasser abspülen, abtropfen lassen und mit Küchenpapier trockentupfen. Die Scheiben dünn mit 2 EL Olivenöl bepinseln, salzen und pfeffern.

7. Den Grillrost mit der Bürste säubern. Das Gemüse über ***direkter mittlerer Hitze*** bei geschlossenem Grilldeckel in 8–10 Min. weich grillen, dabei die Scheiben gelegentlich wenden. Vom Grill nehmen.

8. Die Backform dünn mit Öl auspinseln. Die Hälfte der Tomatensauce in der Form verteilen, darauf die Hälfte der Auberginen-, Zucchini- und Kartoffelscheiben geben, etwas salzen und pfeffern und mit der Hälfte des Schafskäses bestreuen. Übrige Tomatensauce und restliches Gemüse genauso in die Form schichten und mit dem übrigen Schafskäse bestreuen. Die Béchamelsauce gleichmäßg darauf verstreichen und mit 4 EL Parmesan bestreuen.

9. Die Räucherchips abtropfen lassen und auf der Glut verteilen. Den Grill schließen. Sobald Rauch entsteht, die Backform über ***indirekte mittlere Hitze*** stellen und das Moussaka bei geschlossenem Grilldeckel etwa 1¼ Std. backen. Nach der Hälfte der Zeit die Backform um 90 Grad drehen. Das Moussaka ist fertig, wenn seine Oberseite goldbraun ist und die Klinge eines kleinen Messers, die Sie 5 Sek. in den Auflauf stecken, beim Herausziehen heiß ist. Machen Sie die erste Garprobe nach 1 Std. Vom Grill nehmen und 15 Min. bei Raumtemperatur ruhen lassen (in dieser Zeit wird das cremige Topping fester). Das Moussaka in Stücke schneiden und warm servieren.

TIPP

Damit das vegetarische Moussaka nicht zu flüssig oder gar matschig wird, sollten Sie die Auberginen- und Zucchinischeiben zunächst einsalzen und etwa 1 Std. ruhen lassen, um ihnen überschüssiges Wasser zu entziehen, und dann weich grillen, bevor Sie sie in die Form schichten. Das fertige Moussaka vor dem Servieren ruhen und dabei etwas fester werden lassen.

PASTA MIT RAUCH-TOMATENSAUCE
UND RICOTTA

25 MIN. *Vorbereitungszeit*
3 STD. *Grillzeit*

Gerät: | **Rauchintensität:** ●●●

Für 4 Personen

1 EL Olivenöl
1,8 kg Eiertomaten, Stielansatz entfernt, längs halbiert
2 EL Butter
1 kleine Zwiebel, fein gewürfelt
1 kleine Möhre, fein gewürfelt
1 kleine Stange Sellerie, fein gewürfelt
2 Knoblauchzehen, fein gehackt
grobes Meersalz
¼ TL scharfe Chiliflocken
5 EL fein gehackte Basilikumblätter

500 g kurze Röhrennudeln (z. B. Tortiglioni, Rigatoni)

250 g Ricotta
Basilikumblätter, in feine Streifen geschnitten
frisch geriebener Parmesan

großes Backblech mit Rand (etwa 29 x 42 cm), mit Back-Alufolie ausgekleidet
Dutch Oven (mind. 5 l Inhalt)

2 faustgroße Apfel- oder Kirschholz-Chunks

1. Den Räuchergrill für indirekte schwache Hitze (135 bis 150 °C) vorbereiten (siehe Seite 22–23). Die Wasserschale zu einem Drittel mit Wasser füllen. Wenn im Grill eine Temperatur von 135 °C herrscht, 1 Chunk auf die Glut geben.

2. Die Back-Alufolie im großen Backblech dünn mit Öl bepinseln. Die Tomatenhälften mit den Schnittflächen nach unten nebeneinander auf dem Blech verteilen.

3. Das Blech über ***indirekte schwache Hitze*** stellen und die Tomaten bei geschlossenem Grilldeckel 45 Min. räuchern. Anschließend den übrigen Chunk auf die Glut geben und die Tomaten etwa 2¼ Std. weiterräuchern, bis die Hälften etwas geschrumpft sind und die Haut an den Rändern gebräunt ist. Das Blech vom Grill nehmen, die Tomaten etwas abkühlen lassen.

4. Ein feines Sieb in eine mittelgroße Schüssel hängen. Die Tomatenhälften über dem Sieb enthäuten und entkernen, das Fruchtfleisch aufbewahren. Mit einem Holzlöffel die Tomatenhäute und Kerne im Sieb kräftig ausdrücken, den Saft in der Schüssel aufbewahren. Das Tomatenfruchtfleisch grob hacken.

5. Auf dem Herd die Butter im Dutch Oven auf mittlerer Stufe zerlassen. Darin die Zwiebel-, Möhren- und Selleriewürfel im geschlossenen Topf etwa 7 Min. dünsten, bis das Gemüse fast weich ist; ab und zu umrühren. Den Knoblauch etwa 1 Min. mitdünsten, bis er duftet. Tomatenfruchtfleisch, aufgefangenen Tomatensaft und 250 ml Wasser einrühren, mit 1 TL Salz und Chiliflocken würzen und die Sauce auf hoher Stufe aufkochen. Die Hitze auf mittlere bis kleine Stufe stellen und die Sauce im offenen Topf 30 Min. einkochen lassen. Während der letzten 5 Min. die gehackten Basilikumblätter unterrühren. Die Sauce nach Belieben pürieren. Mit Salz abschmecken.

6. Inzwischen in einem großen Topf die Nudeln in reichlich Salzwasser nach Packungsangabe bissfest garen. Abgießen und kurz abtropfen lassen. Die Nudeln auf einzelnen Tellern anrichten, heiße Tomatensauce darüberschöpfen, auf jede Portion 2 EL Ricotta und Basilikumstreifen geben und servieren. Dazu frisch geriebenen Parmesan reichen.

50–55 MIN.
Vorbereitungszeit
20–25 MIN.
Grillzeit
15 MIN.
Abkühlzeit

SANDWICHES
MIT GERÄUCHERTEM EIERSALAT

Gerät: | **Rauchintensität:** ●●●

Für 4 Personen

FÜR DEN EIERSALAT
8 Eier (Größe L)
80 g kernlose dunkle Trauben, halbiert (nach Belieben)
4 EL feine Schnittlauchröllchen
4 EL fein gewürfelter Stangensellerie
3 EL Mayonnaise (Glas)
2 EL Schmand
1 TL Dijon-Senf
½ TL Madras-Currypulver
½ TL grobes Meersalz
¼ TL frisch gemahlener schwarzer Pfeffer

8 Scheiben Roggenbrot, geröstet
4 große Salatblätter

2 faustgroße Hickoryholz-Chunks

1. Die Eier in einem großen Topf 5 cm hoch mit kaltem Wasser bedecken und das Wasser auf hoher Stufe kurz aufkochen. Den Topf mit einem fest sitzenden Deckel verschließen, vom Herd nehmen und die Eier 12 Min. im heißen Wasser ziehen lassen. Mit einem Schaumlöffel herausheben (das Kochwasser aufbewahren), sofort in eine Schüssel mit Eiswasser geben und darin 10 Min. abkühlen lassen. Die Eier anschließend nochmals für 10 Sek. in das Kochwasser legen, dann unter fließendem kaltem Wasser pellen.

2. Den Räuchergrill für indirekte sehr schwache Hitze (110–120 °C) vorbereiten (siehe Seite 22–23). Den Grillrost mit der Bürste säubern.

3. Die Chunks auf die Glut geben und den Grilldeckel schließen. Sobald Rauch entsteht, die Eier auf dem Grillrost über ***indirekter sehr schwacher Hitze*** bei geschlossenem Deckel 20–25 Min. räuchern, bis sie hellbraun sind. Vom Grill nehmen und 15 Min. abkühlen lassen.

4. Die Eier grob hacken. In eine mittelgroße Schüssel geben und mit den übrigen Zutaten für den Eiersalat mischen.

5. Auf einer Arbeitsfläche 4 Brotscheiben auslegen, mit je 1 Salatblatt und einem Viertel des Eiersalats belegen und jeweils mit 1 unbelegten Brotscheibe abdecken. Die Sandwiches diagonal halbieren und servieren.

50–55 MIN.
Vorbereitungszeit
70–82 MIN.
Grillzeit

GERÄUCHERTER MAPO-TOFU

Gerät: | **Rauchintensität:** ●●●

Für 4 Personen

2 Blöcke fester Tofu (je 400 g), abgetropft
2 EL geröstetes Sesamöl

350 ml Gemüsebrühe
2 EL nicht zu salzige Sojasauce
2 TL geröstetes Sesamöl
1 TL gemahlener Szechuanpfeffer

3 EL Rapsöl
450 g Shiitakepilze, Stiele entfernt, Hüte in Scheiben geschnitten
2 EL schwarze Bohnensauce
1½ EL Chili-Knoblauch-Sauce
1½ EL fein gehackter Ingwer
4 große Knoblauchzehen, fein gehackt
1 EL Speisestärke, in 1 EL Wasser angerührt
1 EL gesüßter Reisessig (Shushi-Essig)
1 TL Zucker
5 Frühlingszwiebeln (etwa 100 g), in feine Ringe geschnitten

gegarter heißer weißer Reis

grillfester Wok oder Gusseisenpfanne (30 cm Ø)
Holzlöffel
1½ große Handvoll Hickoryholz-Chips, mind. 30 Min. gewässert

1. Die Tofublöcke nebeneinander auf einen großen Teller mit Rand geben, auf die Blöcke ein Schneidebrett legen und dieses mit einem Gewicht beschweren (z. B. mit einer gusseisernen Pfanne). Dem Tofu auf diese Weise 30 Min. überschüssiges Wasser entziehen, dabei alle 10 Min. das ausgetretene Wasser abgießen. Die Tofublöcke mit Küchenpapier trockentupfen. Jeden Block der Länge nach in 2 cm dicke Scheiben schneiden (Sie sollten insgesamt 10 Scheiben erhalten). Die Scheiben beidseitig mit Sesamöl bestreichen.

2. Eine Zwei-Zonen-Glut für schwache Hitze (120–150 °C) vorbereiten (siehe Seite 20–21).

3. Den Grillrost mit der Bürste säubern. Die Hälfte der Holz-Chips abtropfen lassen und auf der Glut verteilen. Den Grilldeckel schließen. Sobald Rauch entsteht, die Tofuscheiben über ***indirekter schwacher Hitze*** bei geschlossenem Deckel 60–70 Min. grillen, dabei ab und zu wenden, bis sie auf beiden Seiten appetitlich gebräunt sind. Nach 30. Min. Räucherzeit die übrigen Chips abtropfen lassen und auf die Glut geben. Tofu vom Grill nehmen und 5 Min. abkühlen lassen. Die Scheiben 2 cm groß würfeln.

4. In einer kleinen Schüssel die Gemüsebrühe mit Sojasauce, Sesamöl und Szechuanpfeffer verrühren.

5. Eine Zwei-Zonen-Glut für starke Hitze (230–290 °C) vorbereiten (siehe Seite 20–21).

6. Den Wok auf dem Grillrost 5 Min. über direkter Hitze bei geschlossenem Grilldeckel vorheizen. Alle Zutaten abgewogen und griffbereit neben den Grill stellen.

7. In den heißen Wok 2 EL Rapsöl gießen und darin die Pilze über ***direkter starker Hitze*** bei geschlossenem Grilldeckel in 3–4 Min. weich braten, dabei ab und zu umrühren. Die Pilze auf eine Seite des Woks schieben. Übriges Rapsöl in den Wok geben, Bohnensauce, Chili-Knoblauch-Sauce, Ingwer und Knoblauch 1 Min. darin pfannenrühren, bis sie aromatisch duften. Den Gemüsebrühe-Mix zugießen, aufkochen und bei geschlossenem Grilldeckel 3 Min. kochen lassen. Tofu dazugeben und 1–2 Min. durchwärmen, dabei behutsam mit den anderen Zutaten mischen. Die Speisestärke 30 Sek. unterrühren, bis die Flüssigkeit im Wok gebunden ist. Reisessig und Zucker zufügen, behutsam durchmischen. Den Wok vom Grill nehmen und zwei Drittel der Frühlingszwiebeln unterheben. Die Tofuwürfel sofort auf heißem Reis anrichten, mit den übrigen Frühlingszwiebeln bestreuen und servieren.

30 MIN. *Vorbereitungszeit*
1–12 STD. *Marinierzeit*
70–82 MIN. *Grillzeit*

MARINIERTER TOFU

MIT PFANNENGERÜHRTEM PAK CHOI

Gerät: | **Rauchintensität:** ●●●

Für 4 Personen

2 Blöcke fester Tofu (je 400 g), abgetropft
6 EL nicht zu salzige Sojasauce
2 EL fein gehackter Ingwer
2 EL Honig
4 TL geröstetes Sesamöl
1–2 TL scharfe Chili-Knoblauch-Sauce (z. B. Sriracha)

FÜR DEN PAK CHOI
2 EL Hoisin-Sauce
2 EL nicht zu salzige Sojasauce
1 EL gesüßter Reisessig (Sushi-Essig)
2 EL Rapsöl
2 TL geröstetes Sesamöl
4 EL fein gehackte Frühlingszwiebeln
1 EL fein gehackter Ingwer
3 Knoblauchzehen, fein gehackt
1 mittelgroße Paprikaschote (etwa 200 g), gewürfelt
700 g Pak Choi, die Blätter in 4 cm große Stücke geschnitten

gegarter heißer weißer Reis (nach Belieben)

grillfester Wok oder gusseiserne Pfanne (30 cm Ø)
Holzlöffel
1½ große Handvoll Hickoryholz-Chips, mind. 30 Min. gewässert

1. Die Tofublöcke nebeneinander auf einen großen Teller mit Rand geben, auf die Blöcke ein Schneidebrett legen und dieses mit einem Gewicht beschweren (z. B. mit einer gusseisernen Pfanne). Dem Tofu auf diese Weise 30 Min. überschüssiges Wasser entziehen, dabei alle 10 Min. das ausgetretene Wasser abgießen. Die Tofublöcke mit Küchenpapier trockentupfen. Jeden Block der Länge nach in gut 1 cm dicke Scheiben schneiden (Sie brauchen insgesamt 14 Scheiben). Die Scheiben nebeneinander auf ein großes Backblech mit Rand legen. In einer kleinen Schüssel Sojasauce mit Ingwer, Honig, Sesamöl und Chilisauce zu einer Marinade verrühren. Den Tofu mit der Marinade übergießen und darin wenden. Das Blech mit Frischhaltefolie verschließen und den Tofu im Kühlschrank mind. 1 Std. oder bis zu 12 Std. marinieren.

2. Eine Zwei-Zonen-Glut für schwache Hitze (120–150 °C) vorbereiten (siehe Seite 20–21).

3. Den Grillrost mit der Bürste säubern. Die Tofuscheiben aus der Marinade nehmen. Die Hälfte der Holz-Chips abtropfen lassen und auf der Glut verteilen. Den Grilldeckel schließen. Sobald Rauch entsteht, den Tofu über ***indirekter schwacher Hitze*** bei geschlossenem Deckel 60–70 Min. grillen, dabei gelegentlich wenden, bis er auf beiden Seiten schön gebräunt sind. Nach 30. Min. Garzeit die übrigen Chips abtropfen lassen und auf die Glut geben. Tofuscheiben vom Grill nehmen und 5 Min. abkühlen lassen. Dann quer in gut 1 cm breite Stücke schneiden.

4. Für den Pak Choi in einer zweiten kleinen Schüssel die Hoisin-Sauce mit Sojasauce und Reisessig verrühren.

5. Eine Zwei-Zonen-Glut für starke Hitze (230–290 °C) vorbereiten (siehe Seite 20–21).

6. Den Wok auf dem Grillrost 5 Min. über direkter Hitze bei geschlossenem Grilldeckel vorheizen. Alle Zutaten abgewogen und griffbereit neben den Grill stellen.

7. In den heißen Wok das Raps- und Sesamöl gießen und darin die Frühlingsziebeln mit Ingwer und Knoblauch 30 bis 45 Sek. pfannenrühren, bis sie aromatisch duften. Paprikawürfel zufügen und über ***direkter starker Hitze*** bei geschlossenem Grilldeckel 3 Min. dünsten, dabei ab und zu umrühren. Den Pak Choi in den Wok geben und bei geschlossenem Grilldeckel 3–4 Min. unter gelegentlichem Rühren mitdünsten, bis die Blätter zusammenfallen. Tofustücke behutsam untermischen und 1–2 Min. durchwärmen, anschließend den Hoisin-Essig-Mix 30 Sek. unterrühren. Den Wok vom Grill nehmen. Den Tofu und das Gemüse sofort servieren. Nach Belieben heißen Reis dazu reichen.

VORSPEISEN & BEILAGEN

NUSSMISCHUNG

AUS DEM HICKORYRAUCH

5 MIN.
Vorbereitungszeit
ETWA 20 MIN.
Grillzeit

Gerät: | **Rauchintensität:** ●●●

Für 4 Personen

1 TL brauner Zucker
1 TL gemahlener Kreuzkümmel
¼ TL Cayennepfeffer
300 g gesalzene Nusskernmischung oder Erdnusskerne
2 TL Erdnussöl

große Einweg-Aluschale
1 Handvoll Hickoryholz-Chips, mind. 30 Min. gewässert

TIPP

Die Aluschale muss groß genug sein, um alle Nüsse darin in einer Lage auszubreiten, damit sie gleichmäßig geräuchert werden können.

1. Eine Zwei-Zonen-Glut für mittlere Hitze (175–230 °C) vorbereiten (siehe Seite 20–21).

2. In der Aluschale den Zucker mit Kreuzkümmel und Cayennepfeffer mischen. Die Nüsse dazugeben und das Öl darüberträufeln. Alles gründlich miteinander vermischen; beiseitestellen.

3. Den Grillrost mit der Bürste säubern. Die Holz-Chips abtropfen lassen und auf die Glut geben. Den Grill schließen. Sobald die Chips zu rauchen beginnen, die gewürzten Nüsse in der Aluschale über ***direkter mittlerer Hitze*** bei geschlossenem Deckel etwa 20 Min. räuchern, bis sie sich dunkel färben und zu duften beginnen. Die Schale mit Grillhandschuhen vom Rost nehmen und die Nüsse in der Schale vollständig abkühlen lassen. Dabei werden sie knusprig.

4. Falls von der Nussmischung etwas übrig bleibt, diese in einem luftdicht verschlossenen Gefäß aufbewahren.

30 MIN.
Vorbereitungszeit
2 STD.
(1 STD. DER FISCH; 1 STD. DER DIP)
Kühlzeit
ETWA 10 MIN.
Grillzeit

FORELLEN-ARTISCHOCKEN-DIP

Gerät: | **Rauchintensität:** ●●●

Für 8–12 Personen

2 küchenfertige Forellen (je etwa 250 g), Köpfe entfernt, die Fische aufgeklappt
Rapsöl
grobes Meersalz
frisch gemahlener schwarzer Pfeffer

1 Dose Artischockenherzen naturell (400 g)
100 g Mayonnaise
50 g Schmand
2 EL gehackter Dill
2 EL feine Schalottenwürfel
abgeriebene Schale von **1** Bio-Zitrone
1 EL Zitronensaft
1 EL Weißweinessig
½ TL getrockneter Oregano
Tabasco
Cracker oder Roggenknäckebrot

Fischpalette
2 große Handvoll Mesquiteholz-Chips, mind. 30 Min. gewässert

TIPPS

Achten Sie darauf, dass die Forellen wirklich grätenfrei sind, bevor sie mit den anderen Dip-Zutaten gemischt werden. Feine Gräten lassen sich sehr gut mit einer Pinzette aus dem Fischfleisch ziehen. Falls Sie oft Fisch zubereiten, lohnt es sich, eine Fischpinzette anzuschaffen.

Heben Sie die gegarten Forellen nicht mit einer Grillzange vom Rost – dabei würden die Fische auseinanderfallen. Verwenden Sie stattdessen eine große breite Fischpalette.

1. Eine Zwei-Zonen-Glut für mittlere Hitze (175–230 °C) vorbereiten (siehe Seite 20–21).

2. Die Haut der Forellen mit Öl bestreichen und die Innenseiten der Fische mit Salz und Pfeffer würzen.

3. Den Grillrost mit der Bürste säubern. Die Chips abtropfen lassen und auf die Glut geben. Den Grilldeckel schließen. Sobald Raucht entsteht, die Forellen aufgeklappt und mit der Haut nach unten auf den Rost legen. Über ***indirekter mittlerer Hitze*** bei geschlossenem Deckel etwa 10 Min. grillen, bis sich das Fischfleisch mit einer Messerspitze leicht zerpflücken lässt. Die Fische mit der Fischpalette auf ein Schneidebrett heben und 1 Std. Raumtemperatur annehmen lassen.

4. Von jedem Fisch die Mittelgräte am Kopf anheben und mit den daran befindlichen Gräten zum Schwanz hin entfernen. Noch verbliebene kleine Gräten mit einer Pinzette aus dem Fischfleisch ziehen. Die Filets häuten.

5. Die Artischockenherzen in einem Sieb kalt abspülen, dann ausdrücken und in der Küchenmaschine grob zerkleinern. In eine Schüssel geben. Fischfleisch, Mayonnaise, Schmand, Dill, Schalottenwürfel, Zitronenschale und -saft sowie Essig und Oregano hinzufügen und alles mischen. Den Dip mit Salz und Tabasco abschmecken. Abdecken und für mind. 1 Std. (höchstens 3 Tage) in den Kühlschrank stellen. Mit Crackern oder Knäckebrot servieren.

15 MIN.
Vorbereitungszeit
15–17 MIN.
Grillzeit

GERÄUCHERTER BRIE

MIT HIMBEER-BALSAMICO-SIRUP

Gerät: | **Rauchintensität:** ●●●

Für 8–10 Personen

FÜR DEN SIRUP
5 EL Himbeerkonfitüre ohne Kerne
3 EL weißer Aceto balsamico

2 runde Brie (je etwa 250 g)
Cracker

1 naturbelassenes Räucherbrett aus Ahornholz/Maple (etwa 18 x 30 cm), mind. 2 Std. gewässert
1 große Handvoll Kirschholz-Chips, mind. 30 Min. gewässert

TIPPS

Wählen Sie für dieses Rezept Käse, der sich fest anfühlt. Sehr reifer Brie ist zwar, bei Raumtemperatur genossen, ein Hochgenuss, in der Hitze des Grills jedoch würde er zerlaufen.

Stellen Sie sicher, dass beide Käse ausreichend Platz auf dem Räucherbrett haben.

1. Eine Zwei-Zonen-Glut für mittlere Hitze (175–230 °C) vorbereiten (siehe Seite 20–21).

2. In einem kleinen Topf mit schwerem Boden die Konfitüre auf mittlerer bis hoher Stufe mit 2 EL Essig und 2 EL Wasser glatt rühren. Aufkochen und in 2–3 Min. sirupartig einkochen lassen. Die Mischung sollte dick, aber noch flüssig sein; sie dickt beim Abkühlen noch weiter ein. Den Topf vom Herd nehmen und bei Raumtemperatur beiseitestellen.

3. Das abgetropfte Räucherbrett über ***direkte mittlere Hitze*** legen und den Grilldeckel schließen. Wenn das Brett nach etwa 6 Min. zu rauchen beginnt und angekohlt ist, mit der angekohlten Seite nach oben auf eine hitzfeste Unterlage legen und die beiden Käse in die Mitte des Bretts setzen.

4. Die Räucherchips abtropfen lassen, auf der Glut verteilen und den Grilldeckel schließen. Sobald Rauch entsteht, das Brett über ***indirekte mittlere Hitze*** legen und die Käse bei geschlossenem Deckel 15–17 Min. räuchern, bis sie innen schön weich sind und ihre Rinde goldbraun ist. Das Brett vom Grill nehmen und auf eine hitzefeste Unterlage legen.

5. Den Sirup mit dem übrigen 1 EL Essig verrühren; er sollte danach die Konsistenz von leicht flüssiger Konfitüre haben. Den Sirup über die warmen Käse löffeln und die Käse direkt auf dem Brett mit den Crackern servieren.

30 MIN.
Vorbereitungszeit
ETWA 18 MIN.
Grillzeit
MIND. 2 STD.
Abkühlzeit

ZANDER-ZIEGENKÄSE-AUFSTRICH

MIT WEINBRAND

Gerät: | **Rauchintensität:** ●●●

Für 12 Personen (etwa 600 g)

1 Zanderfilet mit Haut (etwa 500 g)
2 EL Olivenöl
grobes Meersalz

250 g Ziegenfrischkäse (alternativ Doppelrahmfrischkäse), raumtemperiert
50 g weiche Butter
60 ml Zitronensaft
2 EL Weinbrand
2 EL feine Schalottenwürfel
½ TL frisch gemahlener schwarzer Pfeffer
1 Spritzer Tabasco

1 EL Schnittlauchröllchen oder gehackte Petersilie
geröstete Roggenbrot- oder Pumpernickelscheiben
körniger Senf

1 große Handvoll Apfelholz-Chips, mind. 30 Min. gewässert

TIPP

Stellen Sie den Aufstrich nach dem Pürieren unbedingt noch für mind. 2 Std. in den Kühlschrank, damit sich sein Geschmack optimal entfalten kann.

1. Eine Zwei-Zonen-Glut für schwache bis mittlere Hitze (etwa 175 °C) vorbereiten (siehe Seite 20–21).

2. Das Zanderfilet auf beiden Seiten mit dem Olivenöl bestreichen und auf der Fleischseite mit Salz würzen.

3. Den Grillrost mit der Bürste säubern. Die Holz-Chips abtropfen lassen und auf die Glut geben. Den Grill schließen. Sobald Rauch entsteht, das Fischfilet mit der Fleischseite nach unten auf den Rost legen und über ***direkter schwacher bis mittlerer Hitze*** bei geschlossenem Deckel 3 Min. grillen. Das Filet wenden und über ***indirekter mittlerer bis schwacher Hitze*** bei geschlossenem Deckel etwa 15 Min. weitergrillen, bis es innen nicht mehr glasig ist. Vom Grill nehmen und 20 Min. abkühlen lassen. (Wer möchte, kann den geräucherten Fisch jetzt in einem fest verschlossenen Gefäß für 24 Std. in den Kühlschrank stellen.)

4. Das Filet häuten und in Stücke schneiden. In die Küchenmaschine geben. Frischkäse, Butter, Zitronensaft, Weinbrand, Schalotten, Pfeffer und Tabasco hinzufügen und alles glatt pürieren, dabei ein- bis zweimal die Paste vom Gefäßrand nach unten schieben. Den Aufstrich mit Salz abschmecken. In eine Schüssel geben, abdecken und mind. 2 Std. in den Kühlschrank stellen.

5. Gut gekühlt auf geröstetes Brot streichen, mit Schnittlauch bestreuen und mit Senf servieren. (Der Aufstrich hält sich im Kühlschrank bis zu 2 Tage.)

ROSTFREI

ARTISCHOCKEN
MIT GERÄUCHERTER AIOLI

Gerät: | **Rauchintensität:** ●●●

30 MIN.
Vorbereitungszeit
ETWA 47 MIN.
Grillzeit

Für 6 Personen

1 Zitrone
6 Artischocken (je etwa 200 g)
2 Knoblauchknollen
2 EL und **1 TL** Olivenöl
grobes Meersalz
frisch gemahlener schwarzer Pfeffer

2 große Handvoll Weinstock-Chips, mind. 30 Min. gewässert

220 g Mayonnaise
2 EL gehackte glatte Petersilie

TIPP

Die Artischocken sollten geschlossene Köpfe haben und relativ schwer sein. Die Blätter sollten quietschen, wenn man sie zusammendrückt.

1. Eine Zwei-Zonen-Glut für mittlere Hitze (175–230 °C) vorbereiten (siehe Seite 20–21).

2. Die Zitrone halbieren und auspressen. Den Zitronensaft in eine große Schüssel geben und so viel Wasser dazugießen, dass die Schüssel zu zwei Dritteln gefüllt ist. Die Artischocken nacheinander vorbereiten: Stängel kürzen, kleine Blätter entfernen. Mit der Küchenschere die harten Spitzen der äußeren Blätter abschneiden. Die vorbereiteten Artischocken sofort in das Zitronenwasser legen.

3. Von den Knoblauchknollen die Spitzen abschneiden, damit die Zehen sichtbar werden. Die Knollen nebeneinander auf ein Stück Alufolie setzen und die Folie um die Knoblauchknollen hochschlagen (oben offen lassen). Den Knoblauch mit 1 TL Öl und 1 TL Wasser beträufeln und mit je 1 Prise Salz und Pfeffer würzen.

4. Die Artischocken aus dem Zitronenwasser nehmen und abtropfen lassen. Jede Artischocke auf ein Stück Alufolie legen. Die Artischocken mit dem restlichen Öl beträufeln, mit Salz und Pfeffer würzen und in die Folie wickeln.

5. Den Grillrost mit der Bürste säubern. 1 Handvoll Holz-Chips abtropfen lassen und auf die Glut geben. Den Grill schließen. Sobald die Chips zu rauchen beginnen, die Artischocken und die Knoblauchknollen über ***indirekter mittlerer Hitze*** bei geschlossenem Deckel etwa 40 Min. grillen. Den Knoblauch vom Grill nehmen und abkühlen lassen.

6. Die Päckchen mit den Artischocken vorsichtig öffnen. Die zweite Handvoll Holz-Chips abtropfen lassen und auf die Glut geben. Die Artischocken etwa 7 Min. weitergrillen, bis sich ein großes Blatt leicht herausziehen lässt, dabei einmal in der Folie wenden. Vom Grill nehmen.

7. Den Knoblauch aus den Schalen in eine Schüssel drücken und mit einer Gabel zerquetschen. Mayonnaise und Petersilie untermischen und die Aioli mit Salz und Pfeffer würzen. Die Artischocken warm oder raumtemperiert servieren und die Aioli dazu reichen.

GERÄUCHERTE HÄHNCHEN-DRUMETTES

MIT ORANGENGLASUR

15 MIN. *Vorbereitungszeit*
20–30 MIN. *Grillzeit*

Gerät: | **Rauchintensität:** ●●●

Für 6–8 Personen

20 Hähnchen-Drumettes
(die oberen Glieder der Flügel; etwa 1½ kg)
1 TL grobes Meersalz
½ TL frisch gemahlener schwarzer Pfeffer

FÜR DIE GLASUR
150 g Orangenmarmelade
80 g Honig
1 TL grobes Meersalz
1 TL Knoblauchgranulat
1 TL Zwiebelgranulat
½ TL Cayennepfeffer

2 Handvoll Hickoryholz-Chips, mind. 30 Min. gewässert

TIPP

Das Grillen der Drumettes über indirekter Hitze bewirkt, dass das manchmal etwas zähe Fleisch dieser Hähnchenteile schön zart wird.

1. Die Hähnchen-Drumettes gleichmäßig mit Salz und Pfeffer würzen.

2. Eine Zwei-Zonen-Glut für mittlere Hitze (175–230 °C) vorbereiten (siehe Seite 20–21).

3. In einem kleinen Topf mit schwerem Boden die Zutaten für die Glasur mischen und bei mittlerer Hitze unter Rühren erwärmen, bis die Marmelade flüssig ist. Das dauert etwa 5–6 Min. Die Glasur vom Herd nehmen, abdecken und warm halten.

4. Den Grillrost mit der Bürste säubern. Die Räucherchips abtropfen lassen und auf die Glut geben. Den Grill schließen. Sobald die Chips zu rauchen beginnen, die Drumettes auf den Rost legen und über ***indirekter mittlerer Hitze*** bei geschlossenem Deckel 20–30 Min. grillen, dabei während der letzten 10–12 Min. zwei- bis dreimal wenden und mit Glasur bestreichen. Wenn beim Anstechen klarer Saft herausläuft und das Fleisch auch am Knochen nicht mehr rosa ist, sind die Drumettes gar. Vom Grill nehmen und heiß servieren.

15 MIN.
Vorbereitungszeit
6–8 MIN.
Grillzeit

SPARGEL UND PANCETTA

MIT ZITRONEN-ESTRAGON-VINAIGRETTE

Gerät: | **Rauchintensität:** ●●●

Für 4–6 Personen

100 g Pancetta, in kleine Stücke geschnitten,
oder **2 dicke Scheiben** Bacon, in Würfel geschnitten
1 kg grüner Spargel
Olivenöl
grobes Meersalz
frisch gemahlener schwarzer Pfeffer

FÜR DIE VINAIGRETTE
1 EL abgeriebene Schale von **1** Bio-Zitrone
2 EL Zitronensaft
2 EL Weißweinessig
2 EL feine Schalottenwürfel
2 TL gehackter Estragon
1 TL Honig

1 Handvoll Hickoryholz-Chips, mind. 30 Min. gewässert

TIPP

Fingerdicke Spargelstangen sind zum Grillen besser geeignet als bleistiftdünne.

1. In einer kleinen Pfanne die Pancettastücke in 4–6 Min. knusprig braun braten, dabei öfter wenden. Herausnehmen und auf Küchenpapier abtropfen lassen.

2. Eine Zwei-Zonen-Glut für mittlere Hitze (175–230 °C) vorbereiten (siehe Seite 20–21).

3. Von den Spargelstangen die harten Enden abschneiden oder abbrechen. Die Spargelstangen mit Öl beträufeln und mit etwas Salz und Pfeffer bestreuen.

4. In einer kleinen Schüssel die Zutaten für die Vinaigrette verrühren. Nach und nach 60 ml Öl unterschlagen, bis die Vinaigrette cremig ist. Die Vinaigrette nach Geschmack mit Salz und Pfeffer würzen.

5. Den Grillrost mit der Bürste säubern. Die Holz-Chips abtropfen lassen und auf die Glut geben. Den Grill schließen. Sobald Rauch entsteht, die Spargelstangen über ***direkter mittlerer Hitze*** bei geschlossenem Deckel 6–8 Min. grillen, dabei hin und wieder wenden.

6. Die Spargelstangen vom Grill nehmen und auf eine Servierplatte anrichten. Mit der Vinaigrette beträufeln und mit Pancetta bestreuen. Warm oder raumtemperiert servieren.

PANZANELLA

MIT SELBST GERÄUCHERTEM MOZZARELLA

Gerät: | **Rauchintensität:** ●●●

25 MIN.
Vorbereitungszeit
25–30 MIN.
Grillzeit
50 MIN.
Kühl- und Ziehzeit

Für 4–6 Personen

2 große Kugeln Mozzarella (je etwa 250 g), gut gekühlt
250 g altbackenes Ciabatta-Brot, in gut 1 cm dicke Scheiben geschnitten
1 kg reife Tomaten, in gut 1 cm dicke Spalten geschnitten
4 Bio-Mini-Gurken, in 5 mm dicke Scheiben geschnitten
1 kleine rote Zwiebel, in feine Scheiben geschnitten
1 große Handvoll Basilikum, die Blätter fein geschnitten

FÜR DAS DRESSING
6 EL Olivenöl
2 EL abgetropfte Kapern
2 EL Rotweinessig
1 TL Dijon-Senf
1 kleine Knoblauchzehe, fein gehackt
1½ TL grobes Meersalz
½ TL fein abgeriebene Schale von 1 Bio-Zitrone
½ TL frisch gemahlener schwarzer Pfeffer

1 kleines Räucherbrett aus Hickoryholz, mind. 2 Std. gewässert
1 große Handvoll Hickoryholz-Chips, mind. 30 Min. gewässert

TIPPS

Dieses Rezept gelingt am besten, wenn der Mozzarella vor dem Räuchern gut gekühlt wurde.

Versuchen Sie, die Grilltemperatur möglichst konstant bei 95 °C zu halten, damit der Käse genug Zeit hat, das Räucheraroma der Hickory-Chips aufzunehmen, bevor er zu flüssig wird.

1. Eine Zwei-Zonen-Glut für sehr schwache Hitze (95 bis 120 °C) vorbereiten (siehe Seite 20–21).

2. Da die Holzkohle sehr langsam herunterbrennt und die Grillhitze anfangs noch im mittleren Temperaturbereich (175–200 °C) liegt, die Brotscheiben über ***direkter mittlerer Hitze*** bei geschlossenem Deckel etwa 30. Sek. auf jeder Seite anrösten, bis sie ein wenig markiert sind. Vom Grill nehmen und beiseitelegen. Zu dunkle Stellen am Brot gegebenenfalls abkratzen, damit es nicht bitter schmeckt.

3. Die Mozzarellakugeln auf das Räucherbrett setzen. Die Räucherchips abtropfen lassen, auf der Glut verteilen und den Grilldeckel schließen. Sobald Rauch entsteht, das Brett mit dem Käse über ***indirekte sehr schwache Hitze*** legen und die Mozzarellakugeln bei geschlossenem Deckel 25–30 Min. räuchern, bis sie weich und hellbraun sind. Gegebenenfalls verliert der Käse etwas Flüssigkeit. Mit einem breiten Grillwender den Käse vom Brett auf einen Teller heben und 20 Min. kalt stellen. Das Räucherbrett vom Grill nehmen, wenn es abgekühlt ist.

4. Inzwischen die gerösteten Brotscheiben in mundgerechte Stücke schneiden. In einer großen Schüssel Brot, Tomaten, Gurken, Zwiebel und Basilikum mischen. Den Mozzarella aus dem Kühlschrank nehmen, in mundgerechte Stücke zerpflücken und in die Schüssel geben. In einer kleinen Schüssel die Zutaten für das Dressing verquirlen. Den Brotsalat mit dem Dressing mischen und vor dem Servieren 30 Min. bei Raumtemperatur ziehen lassen; ab und zu durchmischen.

weber

KICHERERBSENSALAT

MIT GERÄUCHERTEN AUBERGINEN UND TOMATEN

Gerät: | **Rauchintensität:** ●●●

30 MIN.
Vorbereitungszeit
10–20 MIN.
Grillzeit
ETWA 30 MIN.
Abkühlzeit
1–8 STD.
Ziehzeit

Für 4–6 Personen

FÜR DIE VINAIGRETTE
2 TL abgeriebene Schale von **1** Bio-Zitrone
60 ml Zitronensaft
60 ml Olivenöl
1 TL feine Knoblauchwürfel
½ TL gemahlener Kreuzkümmel
¼ TL Cayennepfeffer

grobes Meersalz
frisch gemahlener schwarzer Pfeffer

4 Eiertomaten, längs halbiert
1 dicke Aubergine (etwa 500 g), längs halbiert
3–4 Frühlingszwiebeln

2 Dosen Kichererbsen (je 400 g)
250 g Mozzarella, in kleine Würfel geschnitten
2–3 Stängel Petersilie, die Blätter abgezupft und gehackt

1–2 Handvoll Mesquiteholz-Chips, mind. 30 Min. gewässert

TIPP

Während der Ruhezeit nehmen die Kichererbsen das Räucheraroma des Gemüses an.

1. Den Grill für direkte schwache Hitze (120–175 °C) vorbereiten (siehe Seite 24–25).

2. In einer kleinen Schüssel die Zutaten für die Vinaigrette verquirlen; nach Geschmack mit Salz und Pfeffer würzen. Das Gemüse dünn mit etwas Vinaigrette bestreichen. Die restliche Vinaigrette aufbewahren.

3. Den Grillrost mit der Bürste säubern. Die Holz-Chips abtropfen lassen und in die Räucherbox des Gasgrills geben (Herstellerangaben beachten). Den Grill schließen. Sobald Rauch entsteht, das Gemüse über ***direkter schwacher Hitze*** bei geschlossenem Deckel grillen, dabei gelegentlich wenden. Das Gemüse vom Grill nehmen, sobald es weich ist; die Haut der Tomaten und der Aubergine ist dann geröstet und schrumpelig. Die Frühlingszwiebeln brauchen etwa 10 Min., die Tomaten 10–15 Min. und die Aubergine 15–20 Min.

4. Die Tomaten und die Aubergine in einer großen Schüssel etwa 30 Min. abkühlen, die Kirchererbsen in einem Sieb abtropfen lassen. Tomaten und Auberginen aus der Schüssel nehmen (den Saft, der während des Abkühlens entstanden ist, in der Schüssel lassen) und in mundgerechte Stücke schneiden; die Frühlingszwiebeln ebenfalls in Stücke schneiden. Alles Gemüse samt Flüssigkeit in die Schüssel geben. Kichererbsen, Mozzarella und die übrige Vinaigrette untermischen. Den Salat bei Raumtemperatur mindestens 1 Std. durchziehen lassen (er kann auch bis zu 8 Std. kalt stehen).

5. Vor dem Servieren die Petersilie unter den Salat mischen; den Salat mit Salz und Pfeffer abschmecken. Raumtemperiert oder gekühlt als Beilage oder Hauptgericht servieren.

BULGURSALAT

MIT GERÄUCHERTEM GEMÜSE

Gerät: | **Rauchintensität:** ●●●

15 MIN.
PLUS 30 MIN. QUELLZEIT FÜR DEN BULGUR
Vorbereitungszeit
12–15 MIN.
Grillzeit
30 MIN.
Ziehzeit

Für 6–8 Personen

200 g Bulgur

FÜR DIE VINAIGRETTE
2 Stängel Minze, die Blätter abgezupft und fein geschnitten
3 EL Apfelessig
2 TL Dijon-Senf
1 Knoblauchzehe, gehackt

100 ml Olivenöl
grobes Meersalz
frisch gemahlener schwarzer Pfeffer

2 große Champignons oder Portobello-Pilze (etwa 250 g), geputzt und entstielt
2 Zucchini (etwa 350 g), längs halbiert
2 rote Paprikaschoten (etwa 350 g), geputzt und geviertelt

350 g Cocktailtomaten, halbiert
120 g Schafskäse (Feta), zerbröckelt
1 Bund Petersilie, Blätter grob gehackt

1–2 Handvoll Apfelholz-Chips, etwa 30 Min. gewässert

TIPP

Dieser Salat schmeckt am nächsten Tag am besten, weil sich über Nacht das Räucheraroma voll entfalten kann.

1. In einer großen Schüssel den Bulgur mit 350 ml kochendem Wasser mischen und 30 Min. quellen lassen. Der Bulgur soll dabei alles Wasser aufnehmen.

2. Den Grill für direkte sehr schwache Hitze (95–120 °C) vorbereiten (siehe Seite 24–25).

3. In einer Schüssel die Zutaten für die Vinaigrette mischen, dann 80 ml Öl unterschlagen. Mit Salz und Pfeffer würzen. Die Vinaigrette unter den Bulgur mischen.

4. Pilze, Zucchini und Paprikaschoten dünn mit dem restlichen Öl bestreichen; mit Salz und Pfeffer würzen.

5. Den Grillrost mit der Bürste säubern. Die Holz-Chips abtropfen lassen und in die Räucherbox des Grills legen (Herstellerangaben beachten). Den Grill schließen. Sobald Rauch entsteht, das vorbereitete Gemüse über ***direkter sehr schwacher Hitze*** bei geschlossenem Deckel 12–15 Min. grillen, bis es weich und geröstet ist, dabei ab und zu wenden. Vom Grill nehmen.

6. Das gegrillte Gemüse in mundgerechte Stücke schneiden; zum Bulgur geben. Tomaten, Käse und Petersilie untermischen. Den Salat abgedeckt bei Raumtemperatur mindestens 30 Min. durchziehen lassen.

NUDELSALAT

MIT GERÄUCHERTEM GEMÜSE UND ZITRONEN-VINAIGRETTE

25 MIN.
Vorbereitungszeit
10–12 MIN.
Grillzeit

Gerät: | **Rauchintensität:** ●●●

Für 6–8 Personen

FÜR DIE VINAIGRETTE
60 ml Zitronensaft
8 entsteinte schwarze Oliven (vorzugsweise Kalamata-Oliven), gehackt
1 TL gehackter Thymian
125 ml Olivenöl
grobes Meersalz
frisch gemahlener schwarzer Pfeffer

12 Artischockenherzen naturell (Dose), trockengetupft und geviertelt
je 1 rote, gelbe und orangefarbene Paprikaschote, in schmale Streifen geschnitten
60 ml Olivenöl
2 TL fein gehackter Knoblauch

250 g Penne-Nudeln
250 g Mozzarella, klein gewürfelt

gelochte Grillpfanne
1 Handvoll Hickoryholz- oder Eichenholz-Chips, mind. 30 Min. gewässert

1. Den Grill für direkte mittlere Hitze (175–230 °C) vorbereiten (siehe Seite 24–25).

2. In einer großen Schüssel für die Vinaigrette den Zitronensaft mit den Oliven und dem Thymian mischen. Das Öl langsam unterschlagen, bis ein cremiges Dressing entstanden ist. Mit Salz und Pfeffer würzen; beiseitestellen.

3. In einer zweiten Schüssel Artischocken und Paprikaschoten mit 60 ml Öl und dem Knoblauch mischen.

4. Die Holz-Chips abtropfen lassen und in die Räucherbox des Gasgrills geben (Herstellerangaben beachten). Den Grill schließen. Sobald die Chips rauchen, die Gemüsestücke nebeneinander auf die Grillpfanne legen. Über ***direkter mittlerer Hitze*** bei geschlossenem Deckel 10–12 Min. grillen, bis sie weich und leicht angekohlt sind, dabei gelegentlich wenden. Mit Grillhandschuhen die Grillpfanne vom Grill nehmen und auf eine hitzebeständige Fläche stellen. Das Gemüse in die Schüssel mit dem Dressing geben.

5. Die Nudeln in reichlich sprudelnd kochendem Salzwasser nach Packungsangabe bissfest garen. Abgießen und abtropfen lassen; in die Schüssel zum Gemüse geben. Den Mozzarella hinzufügen und alles mischen. Den Salat warm oder raumtemperiert servieren.

TIPP

Damit die Artischocken schön braun werden, so viel Flüssigkeit wie möglich abgießen und die Artischocken gleichmäßig mit Öl bestreichen.

20 MIN.
Vorbereitungszeit
MIND. 2 STD.
Kühlzeit

SÜSSSAURER KOHL-GEMÜSE-SALAT

Für 8–10 Personen

80 ml Apfelessig
80 ml Rapsöl
65 g Zucker
1 EL grobes Meersalz
1½ TL Selleriesalz
½ TL frisch gemahlener schwarzer Pfeffer

400 g Weißkohl, in feine Streifen geschnitten
1 Salatgurke, halbiert, entkernt und in dünne Scheiben geschnitten
200 g Möhren, geraspelt
300 g milde Zwiebeln, in feine Streifen geschnitten
1 rote Paprikaschote, in feine Streifen geschnitten
1 grüne Paprikaschote, in feine Streifen geschnitten

1. In einer großen Schüssel Essig. Öl, Zucker, Salz, Selleriesalz und Pfeffer verrühren, bis Zucker und Salz aufgelöst sind. Das Gemüse untermischen. Die Schüssel abdecken und für mind. 2 Std. oder bis zu 1 Tag kalt stellen.

2. Vor dem Servieren den gekühlten Salat in ein Sieb abgießen und wieder in die Schüssel füllen.

TIPPS

Zerkleinern Sie Kohl, Gurke, Zwiebeln und Paprika mit dem Hobelaufsatz der Küchenmaschine und die Möhren mit dem Raspelaufsatz.

Wie bei allen Krautsalaten fällt auch hier das Gemüse während des Marinierens zusammen, und der Salat verliert an Volumen. Wer das Gemüse weicher mag, lässt den Salat über Nacht im Kühlschrank durchziehen.

WARMER KARTOFFEL-BACON-SALAT

MIT SENFDRESSING

30 MIN.
Vorbereitungszeit
ETWA 25 MIN.
Garzeit

Für 6 Personen

1½ kg rotschalige Kartoffeln, gewaschen und abgebürstet
6 Scheiben Bacon, in 2½ cm große Stücke geschnitten
Rapsöl
80 ml Apfelessig
2 EL körniger Senf
1 EL Zucker
grobes Meersalz
frisch gemahlener schwarzer Pfeffer
4 Frühlingszwiebeln, die weißen und grünen Teile separat in feine Ringe geschnitten
4 EL Mehl
2 EL gehackte glatte Petersilie

TIPP

Verwenden Sie möglichst festkochende Bio-Kartoffeln für diesen Salat. Sie zerfallen nicht so leicht beim Durchmischen und können mit Schale gegessen werden.

1. Die Kartoffeln in Salzwasser in 20–25 Min. weich garen. Abgießen, kalt abspülen und beiseitestellen.

2. In einer großen Pfanne den Bacon mit 1 EL Öl auf mittlerer Stufe in 8–10 Min. unter gelegentlichem Rühren knusprig braten. Mit einem Schaumlöffel aus dem Fett heben und auf Küchenpapier abtropfen lassen. Das Speckfett abmessen: Es sollen 3 EL sein, falls nötig, noch Öl dazugeben.

3. In einer Schüssel 175 ml Wasser mit Essig, Senf, Zucker, 1 TL Salz und ¼ TL Pfeffer verrühren. Die Pellkartoffeln mit Schale in dünne Scheiben schneiden.

4. Die 3 EL Fett in der Pfanne auf mittlerer Stufe heiß werden lassen. Die weißen Zwiebelringe darin etwa 2 Min. unter Rühren braten. Das Mehl darüberstreuen und anschwitzen. Die Essigmischung dazugießen; alles verrühren und aufkochen, dann bei sehr schwacher Hitze etwa 2 Min. köcheln lassen. Die Pfanne mit der Zwiebelsauce vom Herd nehmen. Kartoffeln, Bacon, grüne Frühlingszwiebelringe und Petersilie hineingeben; alles gründlich mischen. Den Salat salzen und pfeffern und warm servieren.

BOHNEN
MIT CIDRE UND BACON

10 MIN.
Vorbereitungszeit
ETWA 1¼ STD.
Grillzeit

Gerät:

Für 8 Personen

750 ml Cidre
3 EL brauner Zucker
40 ml Ketchup
2 EL scharfer Senf
1 EL Worcestersauce
4 dicke Scheiben Bacon, in etwa 2½ cm große Stücke geschnitten
1 große Zwiebel, fein gewürfelt
4 Dosen Cannellini-Bohnen (je 425 g Inhalt)
grobes Meersalz
frisch gemahlener schwarzer Pfeffer

Dutch Oven (etwa 3 l Inhalt)

TIPP

Besonders gut für diesen Bohneneintopf eignen sich Baconscheiben nach englischer Art, die dicker sind und einen höheren Fleischanteil haben als normaler Bacon.

1. Den Grill für direkte und indirekte schwache Hitze (120–175 °C) vorbereiten (siehe Seite 24–25).

2. In einem Topf den Cidre aufkochen und auf hoher Stufe in etwa 10 Min. auf die Hälfte einkochen lassen. Zucker, Ketchup, Senf und Worcestersauce untermischen und rühren, bis der Zucker aufgelöst ist. Beiseitestellen.

3. Den Dutch Oven über ***direkte schwache Hitze*** auf den Grill stellen und den Bacon darin in 10–12 Min. unter gelegentlichem Rühren knusprig braten. Die Zwiebelwürfel hinzufügen und unter Rühren in 6–8 Min. goldgelb braten. Die Bohnen abgießen, abspülen und abtropfen lassen. Mit der Cidre-Mischung in den Topf geben. Alles gut verrühren und zum Köcheln bringen. Den offenen Gusseisentopf über ***indirekte schwache Hitze*** stellen. Den Grill schließen und die Bohnen im Topf auf dem Grill 45–50 Min. garen, bis die Flüssigkeit um die Hälfte eingekocht ist. Den Topf vom Grill nehmen und das Bohnengericht etwa 5 Min. ruhen lassen. Mit Salz und Pfeffer würzen und sofort servieren.

KNOBLAUCH-MAISBROT

AUS DER PFANNE

20 MIN.
Vorbereitungszeit
ETWA 35 MIN.
Grillzeit

Gerät:

Für 8 Personen

5 EL Butter
1 EL fein gehackter Knoblauch
750 ml Milch
1 TL grobes Meersalz
¼ TL frisch gemahlener schwarzer Pfeffer
140 g Maismehl
75 g geriebener würziger Hartkäse
3 Eier (Größe L), getrennt

Gusseisenpfanne (25 cm Ø)

TIPP

In einem Gasgrill mit seiner gleichmäßig konstanten Hitze gelingt dieses Brot am allerbesten.

1. Den Grill für indirekte mittlere Hitze (175–230 °C) vorbereiten (siehe Seite 24–25); die Temperatur möglichst konstant bei 200 °C halten.

2. Die Gusseisenpfanne mit 1 EL Butter fetten.

3. In einem schweren Topf 1 EL Butter auf mittlerer Stufe zerlassen. Den Knoblauch darin unter Rühren in etwa 2 Min. weich braten; er soll nicht bräunen. Die Milch dazugießen, salzen, pfeffern und aufkochen lassen. Das Maismehl unter Rühren einstreuen und auf mittlerer bis kleiner Hitze etwa 2 Min. köcheln lassen, dabei ständig rühren. Sobald ein dicklicher Brei entstanden ist, den Topf vom Herd nehmen. 3 EL Butter unter den Maisbrei rühren, dann den Käse untermengen, bis er geschmolzen ist.

4. Die Eigelbe mit etwa 125 ml Maisbrei verrühren. Diese Mischung unter den restlichen Maisbrei rühren. Die Eiweiße zu steifem Schnee schlagen. Zuerst ein Viertel davon unter den Maisbrei rühren, dann den restlichen Eischnee mit dem Kochlöffel unterheben. Die Masse in die Gusseisenpfanne füllen.

5. Den Maisbrei in der Pfanne über ***indirekter mittlerer Hitze*** bei geschlossenem Deckel grillen, bis das Brot gleichmäßig aufgegangen und goldbraun ist. Das dauert etwa 35 Min. Die Pfanne vom Grill nehmen und das Brot in der Pfanne oder auf einem Kuchengitter servieren.

DESSERTS

BRATÄPFEL

MIT INGWERKEKSEN UND CALVADOS-SAHNE

30–40 MIN.
Vorbereitungszeit
40–50 MIN.
Grillzeit

Gerät: | **Rauchintensität:** ●●●

Für 6 Personen

6 große säuerliche Kochäpfel (z. B. Boskop oder Cox Orange)
½ Zitrone
130 g Ingwerkekse, fein zerbröselt
2 EL Butter, zerlassen
2 EL Honig
350 ml Apfelsaft

FÜR DIE SAHNE
120 g Konditorsahne (35% Fett)
1 EL Puderzucker
1 EL Calvados

2 EL Calvados
2 EL kalte Butter, in Flöckchen geschnitten

gemahlener Zimt

Kugelausstecher
mittelgroße feuerfeste Auflaufform
2 Handvoll Apfelholz-Chips, mind. 30 Min. gewässert

1. Eine Zwei-Zonen-Glut für mittlere Hitze (175–200 °C) vorbereiten (siehe Seite 20–21).

2. Die Äpfel nacheinander wie folgt vorbereiten: Mit einem Sparschäler die obere Hälfte der Apfelschale rundherum entfernen. Mit dem Kugelausstecher den Apfel von oben nach unten 5 mm bis zur Unterseite etwa 2½ cm breit aushöhlen und dabei das Kerngehäuse entfernen. Den Apfel rundherum mit etwas Zitronensaft einreiben, dabei auch ein wenig Saft in die Aushöhlung geben.

3. In einer mittelgroßen Schüssel die Keksbrösel mit 1 EL zerlassener Butter und 1 EL Honig mischen. Die ausgehöhlten Äpfel damit füllen. Äpfel mit den Öffnungen nach oben in die Auflaufform setzen und den Apfelsaft um die Äpfel herum angießen. Die Äpfel mit 1 EL zerlassener Butter bepinseln und mit 1 EL Honig beträufeln.

4. Die Räucherchips abtropfen lassen, auf der Glut verteilen und den Deckel schließen. Sobald Rauch entsteht, die Äpfel in der Form über ***indirekter mittlerer Hitze*** bei geschlossenem Deckel 40–50 Min. grillen, bis sie gerade weich sind (machen Sie die Garprobe mit der Spitze eines kleinen Messers bereits nach 30 Min., sollte die Füllung oben schon sehr dunkel sein). Vom Grill nehmen. Mit einem Schaumlöffel die Äpfel aus der Form heben und in eine tiefe Servierform setzen; zum Warmhalten mit Alufolie abdecken.

5. Während die Äpfel auf dem Grill sind, Sahne und Puderzucker mit dem elektrischen Handrührer steif schlagen und 1 EL Calvados unterrühren. Abgedeckt kalt stellen.

6. Den Apfelsaft in der Form in einen kleinen Topf gießen (es sollten knapp 250 ml sein; wenn nötig, mit weiterem Apfelsaft aufgießen) und mit 2 EL Calvados verrühren. Die Mischung auf hoher Stufe aufkochen und in 6–8 Min. auf etwa 160 ml einkochen lassen. Vom Herd nehmen. Die Butterflöckchen unterschlagen, bis die Calvados-Sauce glatt und leicht angedickt ist. Über die Bratäpfel etwas Sauce löffeln, die Früchte jeweils mit 1 Klecks Calvados-Sahne garnieren und mit etwas Zimt bestreut warm servieren.

15 MIN.
Vorbereitungszeit
2½ STD.
Kühlzeit
10 MIN.
Grillzeit

PFIRSICHEISBECHER

MIT SALZIGER KARAMELLSAUCE UND PEKANNUSSSPLITTERN

Gerät: | **Rauchintensität:** ●●●

Für 6 Personen

FÜR DIE KARAMELLSAUCE
200 g Zucker
1 EL frisch gepresster Zitronensaft
240 g Konditorsahne (35% Fett), dampfend heiß erhitzt
2 EL Butter, in 1 cm große Würfel geschnitten
1½ TL Vanilleextrakt
¼ TL grobes Meersalz

1 EL Butter
50 g Pekannusshälften oder Mandelblättchen
1 großzügige Prise grobes Meersalz

6 mittelgroße reife Pfirsiche, halbiert und entkernt
3 EL Butter, zerlassen
2 TL Zucker

6 Kugeln Vanilleeis
Mandelblättchen, angeröstet (nach Belieben)

1 große Handvoll Kirsch- oder Apfelholz-Chips, mind. 30 Min. gewässert

1. In einem mittelgroßen hohen Topf Zucker, Zitronensaft und 60 ml Wasser mischen und auf hoher Stufe unter ständigem Rühren erhitzen, bis es an den Rändern heftig blubbert. Ab jetzt nicht mehr rühren, sondern den Sirup 5 bis 10 Min. kochen lassen, bis er dunkel wie Kupfer ist und zu rauchen beginnt. Schwenken Sie dabei den Topf hin und her, damit der Karamell gleichmäßig bräunt, und waschen Sie Zuckerreste an der Topfwand mit einem in kaltes Wasser getauchten Backpinsel ab.

2. Die Hitze auf kleine Stufe stellen. Die heiße Sahne vorsichtig und langsam unterrühren (halten Sie Abstand vom Topf, denn es kann heiße Spritzer geben). Den Topf vom Herd nehmen. Butterwürfel, Vanilleextrakt und Salz hinzufügen und glatt rühren. Die Sauce mind. 30 Min. abkühlen lassen. Dann in einem verschlossenen Gefäß etwa 2 Std. kalt stellen, bis die Karamellsauce gut gekühlt und eingedickt ist.

3. In einem kleinen Topf 1 EL Butter auf mittlerer Stufe aufschäumen. Die Nusshälften darin in etwa 2 Min. hellbraun anrösten. Vom Herd nehmen. Die Nüsse auf einem Schneidebrett etwas abkühlen lassen, dann grob hacken. In eine kleine Schüssel geben und mit Salz mischen.

4. Den Grill für direkte schwache bis mittlere Hitze (möglichst 175 °C) vorbereiten (siehe Seite 24–25).

5. Die Pfirsichhälften rundherum mit zerlassener Butter bepinseln. Den Grillrost mit der Bürste säubern. Die Holz-Chips abtropfen lassen und in die Räucherbox des Gasgrills geben (Herstellerangaben beachten). Den Grill schließen. Sobald Rauch entsteht, die Pfirsichhälften mit den Schnittflächen nach unten auf den Grillrost setzen und über ***direkter schwacher bis mittlerer Hitze*** bei geschlossenem Deckel etwa 5 Min. grillen, bis die Schnittflächen leicht gebräunt und hübsch markiert sind. Die Pfirsiche wenden und die Schnittflächen mit Zucker bestreuen. 3–5 Min. weitergrillen, bis die Pfirsichunterseiten markiert und die Früchte weich sind. Vom Grill nehmen.

6. Je 2 Pfirsichhälften in einzelnen Dessertschalen oder Eisbechern anrichten und auf 1 Pfirsichhälfte 1 Kugel Vanilleeis geben. Pfirsiche und Eis mit ein wenig Karamellsauce überziehen, mit den gehackten Pekannüssen und nach Belieben mit Mandelblättchen bestreuen. Sofort servieren.

30 MIN.
Vorbereitungszeit
ETWA 45 MIN.
Grillzeit
MIND. 1 STD.
Ziehzeit

GERÄUCHERTES PFLAUMENDESSERT

MIT BALSAMICO-SIRUP, GEGRILLTEN ÄPFELN UND VANILLEEIS

Gerät: | **Rauchintensität:** ●●●

Für 6–8 Personen

250–300 g entsteinte Trockenpflaumen
5 EL Zucker
80 ml frisch gepresster Orangensaft, durchgesiebt
80 ml Aceto balsamico
1 EL Orangenlikör (z. B. Grand Marnier)

4 Äpfel (vorzugsweise Golden Delicious; je 200–225 g), nicht geschält, entkernt, jeweils in 8 Spalten geschnitten
2 EL Butter, zerlassen
2 TL fein gehackter Rosmarin
2 TL Zucker
¼ TL grobes Meersalz

1 l Vanilleeis

2 große Handvoll Kirschholz-Chips, mind. 30 Min. gewässert
gelochte Grillpfanne

1. Eine Zwei-Zonen-Glut für sehr schwache Hitze (95 bis 120 °C) vorbereiten (siehe Seite 20–21). Den Grillrost mit der Bürste säubern.

2. Die Hälfte der Räucherchips abtropfen lassen, auf der Glut verteilen und den Grilldeckel schließen. Die Trockenpflaumen in der gelochten Grillpfanne verteilen. Sobald Rauch entsteht, die Grillpfanne über ***indirekte sehr schwache Hitze*** stellen und die Pflaumen bei geschlossenem Deckel 20 Min. grillen. Dann die restlichen Chips abtropfen lassen und auf die Glut geben. Die Pflaumen anschließend bei geschlossenem Deckel weitere 15–20 Min. grillen, bis sie sich etwas ledrig, aber nicht zu fest anfühlen. Vom Grill nehmen und 5 Min. abkühlen lassen. Kleine Früchte halbieren, große dritteln oder vierteln.

3. In einem mittelgroßen Topf den Zucker mit Orangensaft und Essig mischen und auf mittlerer bis hoher Stufe aufkochen, dabei so lange rühren, bis der Zucker aufgelöst ist. 3–4 Min. einkochen lassen, bis ein leicht dicklicher Sirup entstanden ist, dabei häufig umrühren. Vom Herd nehmen. Den Orangenlikör und die Pflaumenstücke unterrühren. Mind. 1 Std. durchziehen lassen oder abgedeckt bis zu 4 Tage in den Kühlschrank stellen.

4. Eine Zwei-Zonen-Glut für mittlere Hitze (175–230 °C) vorbereiten (siehe Seite 20–21).

5. In einer mittelgroßen Schüssel die Apfelspalten mit zerlassener Butter, Rosmarin, Zucker und Salz mischen. Die Äpfel über ***direkter mittlerer Hitze*** bei geschlossenem Grilldeckel 5–7 Min. grillen, bis sie markiert und weich sind, aber noch nicht ihre Form verloren haben, dabei einmal wenden. Die gegrillten Apfelspalten in eine Schüssel geben, um den austretenden Saft aufzufangen.

6. Zum Servieren den Pflaumen-Mix im Topf auf mittlerer Stufe durchwärmen. Das Vanilleeis auf einzelne tiefe Desserteller oder -schalen verteilen, die Apfelspalten mitsamt ihrem Saft um das Eis herum anrichten und darauf jeweils etwas Pflaumen-Mix löffeln. Sofort servieren.

30 MIN.
Vorbereitungszeit
30–40 MIN.
Grillzeit

SCHWARZWÄLDERKIRSCH-BROWNIES

MIT BESCHWIPSTER SAHNE UND KIRSCHSAUCE

Gerät: | **Rauchintensität:** ●●●

Für 9 Personen

FÜR DIE SAUCE
1 kleines Glas entsteinte Sauerkirschen im eigenen Saft (400 g Inhalt)
2 EL Zucker
2 TL Speisestärke
2 EL Kirschwasser oder Kirschlikör

FÜR DIE SAHNE
250 g Konditorsahne (35 % Fett)
1 EL Puderzucker
1 TL Vanilleextrakt
2 EL Kirschwasser oder Kirschlikör

FÜR DIE BROWNIES
140 g Mehl (Type 550)
¾ TL Backpulver
½ TL grobes Meersalz
170 g Butter
350 g Bitterschokolade (Kakaoanteil 60%), grob gehackt
200 g Zucker
3 Eier (Größe L), raumtemperiert
3 EL aufgebrühter starker Kaffee, abgekühlt,
1 TL Vanilleextrakt
1 EL Kirschwasser oder Kirschlikör

Brownie-Backform (20 x 20 cm; ersatzweise 22-cm-Springform)
1 große Handvoll Kirschholz-Chips, mind. 30 Min. gewässert

1. Die Kirschen in einem Sieb über einer Schüssel abtropfen lassen, dabei den überschüssigen Saft der Kirschen behutsam ausdrücken (es sollten anschließend knapp 250 ml Saft in der Schüssel sein). Den Kirschsaft in einen mittelgroßen Topf gießen. Den Zucker einstreuen und die Speisestärke im Saft anrühren. Auf mittlerer Stufe aufkochen, dabei häufig mit einem Schneebesen durchrühren, dann 2 Min. kochen lassen, bis der Saft etwas andickt. In eine Schüssel geben; Kirschen und Kirschwasser unterrühren. Bei Raumtemperatur auskühlen lassen (den Topf sauber auswischen, aber nicht abspülen, und für das Schmelzen der Schokolade in Schritt 5 weiterverwenden).

2. In einer vorgekühlten mittelgroßen Schüssel die Sahne mit Puderzucker und Vanilleextrakt steif schlagen. Das Kirschwasser unterrühren. Die Schüssel abdecken und bis zum Servieren in den Kühlschrank stellen.

3. Die Brownie-Backform mit einem 20 x 40 cm großen Stück Backpapier auskleiden; das an den Seiten überhängende Backpapier dient später als Griff zum Herausheben des ganzen Brownies.

4. In einer kleinen Schüssel das Mehl mit Backpulver und Salz mischen. Beiseitestellen. Butter und Schokolade in dem mittelgroßen Topf auf mittlerer bis kleiner Stufe schmelzen lassen, dabei häufig umrühren. Vom Herd nehmen. Den Zucker unterrühren, dann nacheinander Eier, Kaffee, Vanilleextrakt und Kirschwasser. Die Mehlmischung einstreuen und gut untermischen. Den Teig in die vorbereitete Backform geben und gleichmäßig verstreichen.

5. Den Grill für indirekte schwache bis mittlere Hitze (175–200 °C) vorbereiten (siehe Seite 24–25).

6. Die Holz-Chips abtropfen lassen und in die Räucherbox des Gasgrills geben (Herstellerangaben beachten); den Grilldeckel schließen. Sobald Rauch entsteht, die Form über

indirekte schwache bis mittlere Hitze stellen und den Teig bei geschlossenem Deckel 30–40 Min. backen, bis an einem bei der Stäbchenprobe verwendeten Zahnstocher noch feuchte Kuchenbrösel haften. Vom Grill nehmen und den Brownie in der Form auf einem Kuchengitter 15–20 Min. abkühlen lassen; er soll anschließend noch warm sein.

7. Die Sahne aus dem Kühlschrank nehmen. Mithilfe der Papiergriffe den Brownie aus der Form heben und auf eine saubere Arbeitsfläche geben. In neun gleich große Stücke schneiden. Die Brownies in einzelnen Dessertschalen anrichten, jeweils Sahne und Kirschsauce darübergeben und die Brownies noch warm servieren.

TIPP

Wenn Sie eine dunkle Backform verwenden, sollten Sie die Stäbchenprobe etwa 5 Min. eher durchführen als im Rezept in Schritt 6 angegeben. Dunkle Backformen absorbieren und halten mehr Hitze als helle Formen.

45 MIN.
Vorbereitungszeit
1½–2 STD.
Gehzeit des Teigs
35–40 MIN.
Grillzeit

WARMER BIENENSTICH

MIT EISCREME, HONIG UND HIMBEEREN

Gerät: | **Rauchintensität:** ●●●

Für 10–12 Personen

120 ml Vollmilch, bis zum Siedepunkt erhitzt, lauwarm abgekühlt
1 Ei (Größe L)
2 EL Zucker
1 Päckchen Trockenhefe (7 g)
4 EL weiche Butter, plus weiche Butter für Teigschüssel und Backform
280–330 g Mehl (Type 550), nach Bedarf
¼ TL Salz
4 EL Honig, lauwarm erwärmt
4 EL Mandelblättchen

2 l Vanilleeis
Honig
250 g Himbeeren

24-cm-Springform
1 große Handvoll Apfel- oder Kirschholz-Chips, mind. 30 Min. gewässert

1. In der Rührschüssel der Küchenmaschine die Milch mit Ei und Zucker verrühren. Die Hefe darüberstreuen und 5 Min. ruhen lassen (es werden sich keine Bläschen bilden). 4 EL weiche Butter hinzufügen. Den Knethaken einsetzen und den Motor einschalten. Auf kleiner bis mittlerer Stufe 140 g Mehl sowie das Salz unterkneten, dann nach und nach so viel weiteres Mehl zugeben, bis ein weicher Teig entsteht, der nicht mehr an der Schüsselwand haften bleibt. (Wenn Sie den Teig mit der Hand zubereiten: In einer großen Schüssel die Milch mit Ei und Zucker verrühren, die Hefe darüberstreuen und die Mischung 5 Min. ruhen lassen. 4 EL weiche Butter hinzufügen. 140 g Mehl und das Salz in die Schüssel geben und alles kräftig verrühren, bis die Butter vollständig eingearbeitet ist. Dann so viel weiteres Mehl unterrühren, bis sich der Teig nicht mehr rühren lässt. Den Teig auf einer bemehlten Arbeitsfläche etwa 5 Min. mit den Händen durchkneten, dabei nach Bedarf weiteres Mehl einarbeiten, bis er glatt und geschmeidig, aber noch klebrig ist.)

2. Eine große Teigschüssel mit weicher Butter fetten. Den Teig zu einer Kugel formen und die Teigkugel in der Schüssel drehen und wenden, bis sie mit einer feinen Butterschicht überzogen ist. Die Schüssel mit Frischhaltefolie verschließen und den Teig an einem warmen Ort 1–1½ Std. gehen lassen, bis er sein Volumen fast verdoppelt hat.

3. Die Springform dünn mit weicher Butter fetten. Den aufgegangenen Teig in der Schüssel nach unten drücken, in die Springform geben und zu einer gleichmäßig dicken Scheibe formen. Die Form mit Frischhaltefolie verschließen und den Teig an einem warmen Ort weitere 30 Min. gehen lassen.

4. Den Grill für indirekte schwache bis mittlere Hitze (175–190 °C) vorbereiten (siehe Seite 24–25).

5. Die Holz-Chips abtropfen lassen und in die Räucherbox des Gasgrills geben (Herstellerangaben beachten); den Grill schließen. Die Frischhaltefolie von der Springform entfernen, die Teigoberseite mit dem lauwarmen Honig bestreichen und gleichmäßig mit Mandelblättchen bestreuen. Sobald Rauch entsteht, die Form über ***indirekte schwache bis mittlere Hitze*** stellen und den Teig bei geschlossenem Grilldeckel 35–40 Min. backen, bis der Kuchen goldbraun ist und ein Zahnstocher bei der Stäbchenprobe sauber wieder herauskommt. Sollten die Mandeln während des Backens zu dunkel werden, die Springform mit Alufolie abdecken. Die Form vom Grill nehmen und den Kuchen in der Form auf einem Kuchengitter 15–20 Min. abkühlen lassen; er soll anschließend noch warm sein.

6. Den Ring der Springform abnehmen und den Kuchen in Stücke schneiden. Die warmen Kuchenstücke in einzelnen Desserschalen anrichten, Vanilleeis dazugeben, Honig darüberträufeln und mit Himbeeren garniert sofort servieren.

SICHERHEITSHINWEISE

GEFAHREN

1. Gas- und Holzkohlegrills dürfen nur im Freien verwendet werden. Bei einem Gebrauch in geschlossenenen Räumen sammeln sich giftige Gase an, die zu ernsthaften Beeinträchtigungen der Gesundheit bis hin zum Tod führen können.

2. Geben Sie niemals flüssige Anzünder oder bereits mit Anzünder imprägnierte Holzkohle auf die warme oder heiße Glut.

3. Niemals Benzin, Alkohol oder andere feuergefährliche Flüssigkeiten zum Anzünden von Holzkohle verwenden. Wenn Sie flüssigen Anzünder benutzen, muss sämtliche Flüssigkeit, die sich gegebenenfalls in den unteren Lüftungsschlitzen angesammelt hat, entfernt werden, bevor Sie die Holzkohle anzünden.

4. Lassen Sie Kinder oder Haustiere niemals in der Nähe eines heißen Grills spielen oder unbeobachtet allein.

5. Tragen Sie beim Grillen keine losen oder leicht entflammbaren Kleidungsstücke.

6. Der Grill muss in einem Mindestabstand von 1½ Metern von brennbaren Materialien entfernt stehen. Dazu gehören u. a. Holzverkleidungen, Holzveranden und -terrassen.

7. Verwenden Sie Ihren Grill nur mit allen vollständig montierten Teilen, die zudem unversehrt sein müssen. Vergewissern Sie sich darüber hinaus, dass der Aschetopf korrekt unterhalb des Grills befestigt ist.

8. Gasflaschen dürfen keinesfalls in Innenräumen aufbewahrt werden (auch nicht in der Garage).

TIPPS ZUR LEBENSMITTELSICHERHEIT

1. Das Grillgut immer mit sauberen Händen vorbereiten. Waschen Sie sich zudem sorgfältig die Hände, nachdem Sie rohes Fleisch, Fisch und Geflügel vorbereitet haben.

2. Tauen Sie Fleisch, Fisch oder Geflügel stets im Kühlschrank auf, nicht bei Zimmertemperatur.

3. Richten Sie gegarte Speisen nicht auf denselben Tellern an, auf denen sie vorher roh gelegen haben.

4. Spülen Sie Geschirr, Besteck und alle Arbeitsflächen, die in Kontakt mit rohem Fleisch, Geflügel oder Fisch gekommen sind, mit heißem Wasser und Spülmittel ab, bevor sie weiterverwendet werden.

GRILLTIPPS

1. Widerstehen Sie der Versuchung, während des Grillens mit einem Pfannenwender auf Grillgut wie Hamburger zu drücken. Sie würden damit den wunderbaren Geschmack herausdrücken, mit dem Sie später belohnt werden.

2. Eine dünne Ölschicht auf dem Grillgut verhilft zu gleichmäßiger Bräune und verhindert das Anhaften auf dem Rost.

WARNUNG

1. Stellen Sie den Grill immer ebenerdig auf.

2. Nehmen Sie den Deckel ab, wenn Sie die Holzkohle anzünden und vorglühen.

3. Breiten Sie die Holzkohle immer auf dem Kohlerost aus, nicht direkt auf dem Boden des Kessels.

4. Stellen Sie den Anzündkamin nicht auf oder neben feuergefährliche Flächen.

5. Berühren Sie nie den Kessel, Grill- oder Holzkohlerost, um zu prüfen, ob sie heiß sind.

6. Tragen Sie Grillhandschuhe beim Grillen und zum Regulieren der Lüftungsschieber.

7. Verwenden Sie ausgewiesenes Grillwerkzeug mit langen, hitzebeständigen Griffen.

8. Hängen Sie den Grilldeckel immer vorschriftsmäßig an der Deckelhalterung auf. Legen Sie einen heißen Deckel nie auf Teppich oder Gras. Der Grilldeckel darf nicht an die Griffe des Kessels gehängt werden.

9. Um die Glut zu löschen, setzen Sie den Deckel auf und schließen Sie vollständig alle oberen und unteren Lüftungsschieber. Löschen Sie die Glut niemals mit Wasser, da es die Porzellanbeschichtung des Kessels beschädigen könnte.

10. Bekämpfen Sie auflodernde Flammen, indem Sie den Deckel aufsetzen und die oberen Lüftungsschieber zur Hälfte schließen. Generell gilt: Weder bei Holzkohle- noch bei Gasgrills dürfen die Flammen mit Wasser gelöscht werden.

11. Bedienen und lagern Sie heiße Elektrostarter sehr sorgfältig. Stellen Sie den Starter nie auf oder neben feuergefährliche Flächen.

12. Halten Sie elektrische Kabel vom heißen Grill fern.

REGISTER

L

M

N

O

P

R

S

T

V

W

Y

Z

IMPRESSUM

Weber-Stephen Products LLC
Executive Board Director: Mike Kempster

Titel der amerikanischen Originalausgabe:
Weber's on the Grill. Smoke ™

Dieses Buch ist die überarbeitete Neuausgabe des Titels »Weber's Räuchern« (978-3-8338-2623-8) aus dem Jahr 2012.

Autor: Jamie Purviance
Rezepte für die deutsche Ausgabe auf den Seiten: 42–43, 44–45, 46–47, 48–49, 50–51, 64–65, 70–71, 78–79, 84–85, 94–95, 102–103, 116–117, 128–129, 130–131, 136–137, 138–139, 140–141, 142–143, 144–145, 148–149, 154–155, 162–163, 166–167, 168–169, 170–171, 172–173, 174–175, 176–177, 178–179, 180–181, 182–183, 184–185, 186–187, 194–195, 204–205, 220–221, 222–223, 224–225, 226–227, 228–229.
Projektleitung: Stefanie Poziombka, Jessica Kleppel
Übersetzung: Martin Waller, Werkstatt München
Lektorat und Redaktion: Karen Dengler, Werkstatt München
Satz: Anja Dengler, Werkstatt München
Einbandgestaltung: independent Medien-Design, Horst Moser, München
Herstellung: Markus Plötz
Reproduktion: Longo AG, Bozen
Druck: Firmengruppe Appl, Wemding
Bindung: Conzella, Pfarrkirchen

Bildnachweis: Alle Fotos: Studio Mathias Neubauer, Seligenstadt; Foodstyling: Manuel Weyer; außer: S. 14–15, S. 16 rechte Spalte zweites von oben, S. 17 linke Spalte zweites von oben: Weber-Stephen Products LLC.

Hinweis zur Verwendung von Aluminiumfolie
In einigen Rezepten in diesem Buch wird Alufolie verwendet. Da salz- und säurehaltige Rezeptbestandteile Aluminium anlösen und auf das verpackte Lebensmittel übergehen lassen können, empfehlen wir den Einsatz von mit Backpapier beschichteter Alufolie (Back-Alufolie). Sie ist im gut sortierten Lebensmittelhandel erhältlich.

ISBN 978-3-8338-5994-6

7. Auflage 2022

QUALITÄTS G|U GARANTIE

LIEBE LESERINNEN UND LESER,

wir wollen Ihnen mit diesem Buch Informationen und Anregungen geben, um Ihnen das Leben zu erleichtern oder Sie zu inspirieren, Neues auszuprobieren. Wir achten bei der Erstellung unserer Bücher auf Aktualität und stellen höchste Ansprüche an Inhalt und Gestaltung. Alle Anleitungen und Rezepte werden von unseren Autoren, jeweils Experten auf ihren Gebieten, gewissenhaft erstellt und von unseren Redakteur*innen mit größter Sorgfalt ausgewählt und geprüft.

Haben wir Ihre Erwartungen erfüllt? Sind Sie mit diesem Buch und seinen Inhalten zufrieden? Wir freuen uns auf Ihre Rückmeldung. Und wir freuen uns, wenn Sie diesen Titel weiterempfehlen, in Ihrem Freundeskreis oder bei Ihrem Online-Kauf.

Sollten wir Ihre Erwartungen so gar nicht erfüllt haben, tauschen wir Ihnen Ihr Buch jederzeit gegen ein gleichwertiges zum gleichen oder ähnlichen Thema um.

KONTAKT ZUM LESERSERVICE

GRÄFE UND UNZER VERLAG
Grillparzerstraße 12
81675 München
www.gu.de

GRÄFE UND UNZER

Ein Unternehmen der
GANSKE VERLAGSGRUPPE

www.facebook.com/gu.verlag